Quand nos grands-mères cuisinaient en Bretagne

Claire Lhermey

TYPOGRAPHIE & MISE EN PAGE D'YVES PERROUSSEAUX

ÉQUINOXE

Menu

Que la Bretagne soit, pour certains, creuset de racines, ou pour d'autres, simples souvenirs d'enfance morcelés par les vacances, ou encore lieu touristique pour qui n'y fait que passer, elle laisse à jamais dans la mémoire de chacun des émotions uniques, des goûts, des odeurs et des saveurs inconnues partout ailleurs.

Des images en fuite, recollées soudain comme un puzzle, reviennent à l'odeur d'un fourneau de bois, d'une soupe de poisson qui mijote ou du pain bis...

Des images perdues d'une grand-mère tout en noir, illuminée par la blancheur de sa coiffe ; une maison à flanc de falaise tour à tour sévère et grise, punie par d'effroyables tempêtes, ou souriante de tous ses volets bleus sous un ciel joyeux... Le mystère du lit clos où l'on vous permet, à condition d'être sage, de vous asseoir sur le bord et de regarder des images, sans aucun doute fort pieuses, le tout sous l'œil du crucifix d'ébène orné de buis, témoin de toutes les joies et de toutes les peines d'une longue hérédité.

Tant de vies nourries et meurtries par la mer, cette incontournable compagne, amicale et mortelle du peuple breton. Un peuple qui a su, malgré les disettes, les naufrages et les famines, tirer le meilleur parti des richesses de la mer et du terroir, pour élaborer avec le temps une cuisine rustique et savoureuse, tout en conservant la qualité de ses produits.

Afin de faire partager à tous, ces goûteuses traditions culinaires, ce livre essaye de recenser les recettes les plus typiques de la province et de les transmettre aussi simplement que possible.

Il ne reste plus qu'à mettre la main à la pâte, enfiler son tablier, voire sa coiffe de Bigouden, pour cuisiner breton et ce, pour le plaisir de ses proches tout comme pour le sien !

CHAPITRE PREMIER

Soupes

En Bretagne comme dans les autres provinces, la soupe a constitué pendant longtemps le seul repas du soir. Grasse ou maigre, pauvre ou riche suivant les saisons, elle variait d'une maison à l'autre selon l'approvisionnement, avec cependant quelques constantes qui constituent aujourd'hui les potages traditionnels bretons.

Les soupes de la mer, bien entendu viennent au premier rang. Bien souvent préparées avec les invendus des pêcheurs, la godaille ou la cotriade régalaient les familles, ainsi que les soupes de coquillages, moules, coques ou berniques, faciles à pêcher.

Au milieu des terres, les soupes se préparaient avec les légumes du cru, crème de chou-fleur, soupe aux oignons, aux marrons, aux bricolins ou parfois même avec des restes de pain sous forme de panade, ou encore avec de la farine de sarrasin, céréale abondante dans le pays.

La soupe, délaissée pendant plusieurs années, revient aujourd'hui dans nos assiettes et c'est tant mieux car il faut savoir que celles de Bretagne sont délectables.

Cotriade

Se procurer
1 morceau de congre
si possible
avec la tête
et 1 kg de poissons
variés : rougets,
merlus, soles, etc.
1 kg de pommes de
terre,
2 oignons,
3 gousses d'ail,
un peu de saindoux
ou un mélange
beurre-huile,
des herbes
aromatiques au
choix : thym,
laurier, persil,
marjolaine etc.
du sel et du poivre
et un bol de
vinaigrette aux
herbes.

Même si certains puristes contestent l'origine « pur Bretagne » de cette soupe, la cotriade est certainement aujourd'hui la soupe la plus représentative de la province !

Émincer les oignons et les faire revenir au saindoux au fond d'une grande cocotte, ajouter l'ail sans le faire roussir, puis les pommes de terre épluchées et coupées en morceaux. Bien mélanger puis recouvrir largement d'eau très chaude. Assaisonner et ajouter les herbes. Laisser cuire 20 minutes pendant lesquelles les poissons seront vidés, nettoyés et coupés en gros tronçons (surtout sans jeter les têtes). Ajouter têtes et tronçons de poissons dans le faitout, en commençant par les plus fermes comme le congre, puis laisser cuire un quart d'heure de plus à feu vif.

Les morceaux de poissons, sans les têtes cette fois, seront dressés sur un plat et entourés de pommes de terre, avec à part la vinaigrette dont chacun se servira à volonté pour arroser le poisson. Le bouillon sera servi en soupière ou en bols individuels avec des tranches de pain rassis.

Godaille

Prendre 1 kg
de poissons petits
et variés : tacauds,
plies, chinchards,
merlans, etc.
2 blancs de poireaux, 2 carottes,
3 échalotes,
3 gousses d'ail,
un bouquet garni,
une cuillerée
à soupe bombée
de farine,
une bouteille de vin
blanc,
le jus d'un citron,
du beurre, du sel et
une cuillerée à café
d'épices
en mélange : curry,
muscade, safran.

Cette soupe de poissons est parfaite pour utiliser les poissons trop petits pour être cuisinés autrement.

Mettre dans un faitout les poissons vidés et nettoyés. Recouvrir de vin et d'autant d'eau en ajoutant le jus de citron, une pincée de sel, les légumes, épices et aromates sauf l'ail et les échalotes. Laisser cuire une heure et passer le tout au moulin à légumes, grille fine. Réserver.

Émincer l'ail et les échalotes et les faire revenir au beurre dans une casserole. Saupoudrer de farine, bien mélanger et mouiller petit à petit avec le fumet de poissons. Laisser mijoter un quart d'heure et rectifier l'assaisonnement si besoin est.
Servir avec des tranches de pain grillées frottées d'ail.

Soupe de moules au safran

Il faut
1 kg de moules,
1/2 bouteille de muscadet,
une branche de thym
et 2 feuilles de laurier,
1 oignon,
une échalote,
1 carotte,
1 cuillerée à soupe bombée de farine, du beurre,
2 dosettes de safran
et 2 grosses cuillerées de crème fraîche.

Il existe de nombreuses recettes de soupes de moules, et celle-ci, particulièrement savoureuse et jolie à regarder, fait partie des potages raffinés.

Ébarber et laver les moules avec soin.

Mettre le vin à chauffer avec autant d'eau, le thym et le laurier. Plonger les moules dans le liquide bouillant et les laisser s'ouvrir. Pêcher les moules à l'écumoire et les réserver dans un récipient. Filtrer le jus de cuisson à travers un chinois tapissé d'un linge fin mouillé et y ajouter le safran. Laisser en attente.

Sortir les moules de leurs coquilles et réserver.

Émincer l'oignon, l'échalote et la carotte et les faire revenir au beurre dans une casserole. Saupoudrer de farine, bien remuer et verser peu à peu le liquide de cuisson safrané. Laisser mijoter quelques minutes, ajouter les moules puis la crème fraîche. Réchauffer sans laisser bouillir et servir avec des toasts ou des croûtons.

Soupe de berniques

Décoller
des rochers,
et ce le plus près
de la mer,
un petit seau
de berniques
de 1 kg environ
et prévoir
également
4 pommes de
terre,
2 carottes,
2 oignons,
1 blanc de poi-
reau, un bouquet
garni, du beurre,
du poivre
et une
demi-bouteille
de muscadet.

Il faut s'armer d'un couteau de poche et sauter de rocher en rocher pour récolter les berniques, car si elles sont très abondantes le long des côtes, on ne les trouve pas chez le poissonnier !

Laver les berniques à grande eau et les faire sauter dans une casserole à feu vif pendant 5 minutes. Les décoquiller et les rincer à l'eau vinaigrée. Faire fondre le beurre dans une grande casserole, y ajouter les berniques et tous les légumes épluchés et détaillés en morceaux. Faire revenir quelques instants puis mouiller de vin et d'eau en quantité suffisante pour recouvrir le tout en ajoutant le bouquet garni. Laisser cuire une heure et passer la soupe au moulin à légumes. Poivrer mais ne saler que si nécessaire.

Réchauffer et servir avec des tartines de pain de seigle beurrées.

Soupe à l'oignon au muscadet

Prévoir
4 beaux oignons,
4 pommes de terre farineuses,
200 g de lardons,
un morceau de beurre,
un verre et demi de muscadet,
1,5 l de bouillon de bœuf
(à défaut reconstitué à partir de bouillon cubes),
du poivre
et du thym et puis
2 jaunes d'œuf,
un petit pot de crème fraîche
et de la ciboulette hachée.

Bien différente de la soupe à l'oignon classique des Parisiens, cette soupe est néanmoins un véritable régal.

Faire revenir au beurre, dans une casserole à fond épais, les lardons, les oignons coupés finement et les pommes de terre coupées en dés.

Mouiller avec le muscadet puis ajouter le bouillon, une branche de thym et quelques pincées de poivre. Laisser cuire 45 minutes.

Écraser grossièrement avec un pilon ou plus simplement avec le dos de la louche et lier la soupe, hors du feu, avec les jaunes d'œufs mêlés à la crème.

Servir aussitôt.

Soupe au lait

Il suffit,
pour la préparer,
de 3 oignons
assez gros,
un bon morceau
de beurre,
1,5 l de lait
et des tranches
de pain rassis.

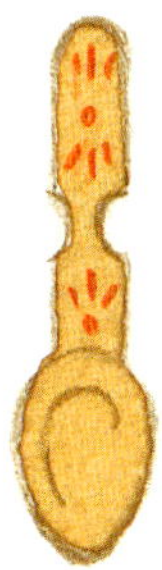

Cette soupe des plus simples et vite prête, est originaire de Haute-Bretagne, du pays de Betton.

Couper les oignons en fines rondelles et les mettre à blondir dans une grande sauteuse avec le beurre. Saler, poivrer et arroser de lait quand les oignons sont bien dorés.

Laisser mijoter une vingtaine de minutes sous haute surveillance et verser bouillant sur les tranches de pain rassis.

Soupe aux marrons de Redon

Prévoir une livre
de châtaignes,
1 oignon,
1 poireau
et une carotte
(ces deux légumes
étant
facultatifs),
du beurre,
du sel
et du poivre,
et un petit pot de
crème fraîche.

Spécialité de la ville de Redon, les marrons ou châtaignes étaient largement consommés en Haute-Bretagne sous forme de légumes, d'accompagnement ou encore de soupe.

Éplucher à cru la première écorce des marrons avec un petit couteau pointu.
Les jeter ensuite dans l'eau bouillante pendant cinq minutes afin d'ôter plus facilement la membrane intérieure et mettre de côté.

Dans une cocotte, faire blondir au beurre l'oignon émincé, avec éventuellement le poireau et la carotte, émincés eux aussi.

Mouiller d'eau et y jeter les marrons. Saler poivrer et laisser cuire une heure.

Réserver quelques marrons entiers et passer tout le reste au moulin à légumes.
Remettre sur le feu avec les marrons réservés, réchauffer et lier à la crème fraîche juste au moment de servir.

Soupe aux bricolins

Il faut
1 à 2 bottes
de bricolins,
4 grosses
pommes de terre,
du sel,
du poivre
et un peu
de saindoux.

Les bricolins, ou ***asperges du pauvre****, sont les pousses printanières des « choux à vache ». On les trouve vendus en bottes sur les marchés.*

Nettoyer et laver les bricolins puis les ficeler à nouveau en botte, avec de la ficelle de boucher.
Les mettre à cuire dans 1,5 litre d'eau bouillante salée et poivrée avec un peu de saindoux et les pommes de terre épluchées et coupées en quartiers.
Compter 45 minutes de cuisson.

Sortir les légumes à l'écumoire et les dresser sur un plat tenu au chaud après avoir ôté la ficelle des bricolins. Servir le bouillon à part sur des tranches de pain rassis.

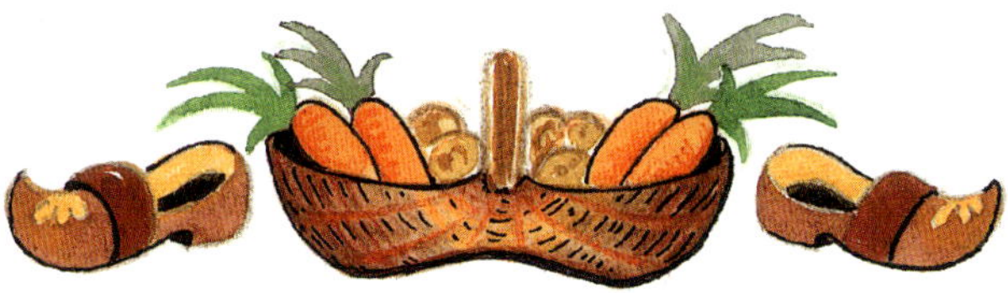

Soupe au sarrasin

Il faut
200 g de lardons,
une cuillerée
à soupe
de saindoux,
150 g de farine
de sarrasin,
un bouquet garni,
un bouquet
de menthe,
du sel,
du poivre
et une pincée
de noix de
muscade râpée.

C'est une soupe rustique, idéale pour les amateurs de ce goût particulier du sarrasin.

Faire rissoler les lardons dans le saindoux, puis mouiller d'un litre d'eau. Assaisonner, ajouter le bouquet garni et la menthe puis laisser cuire une vingtaine de minutes, après quoi la menthe et le bouquet garni seront jetés.

Par ailleurs, délayer la farine de sarrasin dans 1/2 litre d'eau froide et verser cette pâte fluide dans le bouillon. Bien remuer et laisser mijoter 10 à 15 minutes en rajoutant de l'eau, petit à petit, pour obtenir la consistance voulue.

Servir avec des croûtons et un peu de menthe hachée.

Mitonnée de Rennes

Il faut
une demi-livre
de pain de
campagne rassis,
1 oignon,
du sel
et du poivre,
2 morceaux
de sucre,
un œuf
et un verre
de lait.

Couper le pain en morceaux et le mettre dans une casserole à fond épais avec l'oignon haché. Recouvrir d'eau, saler, poivrer, ajouter le sucre et mettre à cuire pendant 30 à 40 minutes en remuant souvent, afin que le fond n'attache pas et que le mélange devienne lisse et onctueux.

Au moment de servir, lier la soupe hors du feu, avec l'œuf battu dans le lait.

CHAPITRE DEUXIÈME

Galettes de blé noir

La farine de blé noir ou sarrasin, provient d'une plante à graines, assimilée à une céréale. Originaire d'Asie, elle fut introduite en France au Moyen Âge, et sa culture, bien adaptée au sol breton, s'y développa au XVIe siècle pour atteindre son plein essor au XIXe siècle.

Le sarrasin s'accommode non seulement de sols pauvres, mais de plus, il pousse rapidement ainsi que le certifie un dicton de Haute-Bretagne : « Sème ton blé noir quand tu voudras, en quatre mois tu le cueilleras. »

On le consommait couramment aux tables familiales sous forme de bouillie appelée « grou », de fars, de boulettes ou de farces (voir la recette du Kig-ha-farz, en page 102) ou, bien sûr, de ces fameuses galettes dont l'art du savoir-faire s'est transmis de génération en génération.

Après un déclin de près d'un siècle, le sarrasin est à nouveau cultivé dans les champs bretons par la volonté de quelques cultivateurs (2000 hectares en 1998), pour le bonheur des crêpiers locaux, mais aussi pour celui des abeilles qui produisent un miel de sarrasin très typé, fort apprécié dans la région.

À propos des galettes

La galette de blé noir (ou crêpe de sarrasin) est si intimement liée à la Bretagne, qu'on a pu croire longtemps qu'elle en était la seule spécialité culinaire, faisant bien souvent office de pain sur les tables familiales. Elle a depuis largement dépassé les frontières de la province et les « crêperies bretonnes » fleurissent dans tout le pays.

L'appellation galette, ou crêpe de blé noir, est délicate à définir, et les deux noms se confondent souvent dans les écrits anciens. C'est une question d'épaisseur de ladite galette, ou encore de région d'origine.

La galette de blé noir se cuit sur une poêle spéciale en fonte épaisse et presque sans bord qu'on appelle « galetière » ou « galetier » ou encore « tuile » ou « bilig ».

La pâte y est étalée avec une raclette en bois qui porte le nom de rouable ou rozell, et la galette, cuite sur une face, est retournée avec une spatule nommée « pelle » ou « tournette » ou encore « spanell ».

La pâte de la galette authentique n'est composée que de blé noir, de sel de mer et d'eau. D'autres variantes permettent l'emploi de quelques œufs, éventuellement de lait et de cidre, tout en mélangeant farine de sarrasin et farine de froment.

Quand on n'a pas la main bretonne et que l'on s'essaye à ses premières galettes, il est prudent d'ajouter un œuf à la pâte. Enfin il faut savoir que les galettes se réchauffent bien et qu'on peut les acheter toutes prêtes un peu partout en Bretagne.

Ailleurs, certains supermarchés en proposent, mais toutes ne sont pas de qualité et certaines bien éloignées du goût authentique du blé noir. Mieux vaut les commander alors à la crêperie du coin.

Les galettes s'accommodent de nombreuses façons, mais elles se dégustent aussi tout simplement trempées dans un bol de lait Ribot (voir pommes de terre au lait Ribot, en page 109).

Galettes de sarrasin

Il faut
1 livre de farine
de sarrasin,
du sel gris
et un pichet
d'eau
(avec un œuf
si on veut).
Et puis, pour
graisser la tuile :
un morceau de
lard gras piqué
au bout
d'une fourchette
ou un tampon
de chiffon ficelé
au bout d'une
baguette
et qui sera trem-
pé dans l'huile
ou le saindoux.

Mettre la farine au fond d'une grande terrine et faire un puits. Ajouter le sel, éventuellement l'œuf et commencer à remuer en versant de l'eau petit à petit jusqu'à obtenir une pâte à crêpe onctueuse et assez épaisse.

Battre la pâte au fouet une dizaine de minutes pour bien l'aérer et laisser reposer une heure.

Mélanger la pâte à la louche : elle doit couler comme un ruban. Au besoin, ajouter un filet d'eau, de cidre ou de lait Ribot.

Mettre la tuile sur le feu et la graisser avec le lard. Quand la tuile fume, y verser une louche de pâte et l'étendre aussitôt avec le rouable. Laisser cuire vivement et dès que le bord se décolle, retourner la galette avec la tournette. Beurrer, replier les bords et servir tout de suite ou sinon, ne pas beurrer, ne pas plier et ranger la galette sur un plat en attente des suivantes, si on préfère les cuire à l'avance.

Ne pas oublier de graisser la tuile entre chaque cuisson et de remuer la pâte à chaque fois.

Galette au beurre, à l'œuf ou au fromage

La meilleure façon de goûter une vraie galette est de la préparer au beurre tout simplement. Il suffit donc de réchauffer une galette à la poêle ou mieux sur une galetière, sur une face d'abord, puis aussitôt retournée, d'y ajouter un bon morceau de beurre.

La galette est alors pliée en quatre et servie sur l'instant.

Pour faire une galette à l'œuf, cuire un œuf au plat à part dans une poêle, pendant que la galette réchauffe et le glisser dessus avant de replier la galette, comme précédemment. Ou encore casser l'œuf sur la galette en train de réchauffer, l'étaler un peu, laisser cuire quelques secondes avant de refermer la galette.

Dans la galette au fromage, le gruyère râpé est tout simplement étalé sur la galette pendant que la deuxième face réchauffe, puis la galette est pliée. Pour obtenir la galette complète, on ajoute une tranche de jambon à l'œuf et au fromage.

Galette à la saucisse, au pâté ou à la poitrine fumée

C'est tout le charme des marchés bretons : on achète une galette saucisse ou galette « Robiquette », après avoir fini les courses, les paniers lourds d'artichauts, d'andouilles, de fruits de mer et de miches de pain de campagne !

Sur les marchés, la saucisse grillée, chaude, est enroulée dans une galette froide. Chez soi, on peut faire réchauffer les galettes pendant que les saucisses sont en train de griller.

La galette peut également être garnie de pâté. Là encore c'est au choix, une galette chaude ou froide autour de pâté froid, ou le pâté peut se réchauffer tout doucement avant de garnir une galette chaude.

On peut aussi remplacer pâté et saucisses par de fines tranches de poitrine fumée revenues au beurre.

Galette à l'andouille

Prévoir
4 à 5 rondelles
d'andouille
par personne,
du beurre,
de la moutarde
à l'ancienne,
de la crème
fraîche et une
galette
pour chacun.

Procéder pour une personne à la fois. Tenir la galette au chaud sur la tuile et faire rissoler vivement quelques rondelles d'andouille, à part dans une poêle, avec du beurre.

Baisser le feu ajouter une cuillerée à café de moutarde et une cuillerée à soupe de crème fraîche. Réchauffer, remuer et verser sur la galette.

Replier un peu les bords sans aller jusqu'au centre et servir aussitôt.

Galette de la mer

La galette à la sardine est une recette rustique et traditionnelle à préparer de préférence en plein air, sur un barbecue.

Faire griller une à deux sardines par galette sur un bon lit de braise après les avoir vidées et étêtées. Faire réchauffer les galettes pendant ce temps. Retirer l'arête de chaque sardine avant de les rouler dans une galette.

Les galettes aux fruits de mer se préparent avec des moules ou des coques cuites au naturel et débarrassées de leurs coquilles, des noix de coquilles saint jacques poêlées, des queues de crevettes ou de langoustines, ou encore un harmonieux mélange, le tout réchauffé doucement dans une béchamel bien relevée et répartie sur les galettes. Replier les bords sans aller jusqu'au centre et servir bien chaud.

Galette aux épinards, oignons ou champignons

Faire cuire des épinards en branches à l'eau quelques minutes. Les essorer dans un torchon et les mêler à de la béchamel épaisse bien assaisonnée de sel, poivre et muscade.

Fourrer chaque galette réchauffée d'une louche de cette préparation. Replier la galette et servir.

Garnir chaque galette d'une purée d'oignons (voir page 121) réchauffée et agrémentée ou non de petits lardons rissolés.

Nettoyer et émincer une livre de champignons de Paris ainsi qu'une échalote. Faire revenir le tout dans une poêle avec du beurre et un peu d'huile. Quand les champignons sont bien dorés, assaisonner, baisser le feu et ajouter un petit pot de crème fraîche.

Réchauffer sans laisser bouillir et répartir la préparation dans les galettes chaudes qui seront ensuite repliées.

CHAPITRE TROISIÈME

Coquillages

De l'huître royale au modeste bigorneau, l'ensemble des coquillages bretons représente un vaste éventail de saveurs.

La réputation de l'huître de Bretagne remonterait au IVe siècle, et elle n'a cessé de s'étendre depuis. On distingue déjà les huîtres de Cancale, mais aussi celles de Paimpol, de Saint-Brieuc et du golfe du Morbihan, puis celles de Belon.

Emblème des pèlerins du Moyen Âge, la coquille Saint Jacques, elle, n'a guère été appréciée qu'au début du XIXe siècle, pour vite se rattraper et connaître un succès toujours croissant.

Les moules, populaires et bon marché ne sont pas en reste avec leurs 20 000 tonnes de production annuelle.

Enfin si l'on trouve encore d'autres coquillages chez le poissonnier, coques, palourdes ou bigorneaux, c'est surtout le plaisir de la pêche à pied qui les rend tellement estimables, et sans nul doute, décuple leur saveur.

Attention cependant à toujours se renseigner sur les réglementations en cours et les dangers de pollution.

Bigorneaux

Compter
une poignée de
bigorneaux
par personne et,
pour 2 litres
d'eau,
une poignée
de sel,
différents poivres
en grains
concassés,
une grosse
branche de thym,
3 feuilles
de laurier,
3 clous de girofle
et un oignon
coupé en quatre.

C'est la première pêche des enfants, qui rapportent dans le seau de plage, les petits tortillons noirs collés les uns aux autres, mêlés à quelques algues, galets et autres trésors panés de sable. Attention, signe des temps oblige, à ne pêcher les bigorneaux qu'en lieux non pollués et bien recouverts quotidiennement par la marée. Les bigorneaux se dégustent cuits, en compagnie d'autres coquillages et crustacés sur un plateau de fruits de mer, ou plus simplement tout seuls à l'apéritif. Chacun les extirpe de leurs coquilles avec une grosse aiguille à tête colorée, destinée à cet usage exclusif, et qui sera rangée ensuite, piquée dans un bouchon.

Préparer un court bouillon très relevé en faisant bouillir tous les ingrédients, sauf les coquillages, pendant une dizaine de minutes pour en concentrer les saveurs. Pendant ce temps bien laver à plusieurs eaux salées les bigorneaux et les égoutter.

Jeter les coquillages dans le court-bouillon et laisser cuire dix minutes à feu très vif. Égoutter, laisser tiédir et servir dans des petites coupelles.

Bulots au naturel et en ragoût

Pour les bulots
en ragoût,
il faudra avec les
coquillages cuits
et sortis
de leurs
coquilles :
2 échalotes,
une gousse d'ail,
du beurre,
2 tomates
épluchées
et épépinées,
un verre
de vin blanc,
sel, poivre
et persil.

Ce gros coquillage appelé aussi **buccin** *ou encore* **grosse bigorne, calicoco** *ou* **coucou**, *s'accommode, une fois bouilli, de diverses manières.*

Pour les bulots au naturel, préparer un court bouillon (voir en page 50) et le mettre à bouillir une dizaine de minutes. Pendant ce temps, nettoyer, brosser et laver les coquillages dans plusieurs eaux.

Les jeter alors dans le court-bouillon et laisser cuire 20 à 25 minutes. Égoutter et servir tiède avec des pommes de terre cuites en robe des champs et une mayonnaise relevée d'une pointe d'ail.

Chacun décortiquera ses coquillages dans son assiette avec une grosse épingle ou un petit couteau pointu.

Pour préparer les bulots en ragoût, faire revenir au beurre, l'ail et les échalotes hachés avec les coquillages et les tomates coupés en morceaux.

Mouiller au vin blanc, saler, poivrer et laisser mijoter quelques minutes avant d'ajouter le persil ciselé.

Berniques au barbecue

**Prévoir
un petit saladier
de berniques,
du beurre,
4 à 5 gousses
d'ail hachées,
un peu de sel
et du thym
effeuillé.**

C'est le fameux chapeau chinois, accroché à son rocher contre vents et marées, qu'il faut « cueillir » au couteau, le plus près possible de la mer.

Plat de pauvre, la bernique n'est même pas commercialisée. C'est pourtant, si on la prépare bien, un coquillage riche en goût, qui s'accommode de plusieurs façons et qui sent bon les vacances...

(Voir aussi soupe de berniques en page 13.)

Préparer un bon lit de braise avec du charbon de bois. Laver les berniques dans plusieurs eaux et les ranger, coquilles en bas, sur une grille assez fine. Au besoin les caler avec un peu de papier d'aluminium pour qu'elles ne se renversent pas.

Déposer dans chaque coquille une très petite pincée de sel, d'ail et de thym ainsi qu'une pointe de beurre.

Porter la grille sur la braise et laisser cuire 5 minutes environ. Reposer la grille sur un plateau de métal et déguster les berniques telles quelles, en se brûlant les doigts, avec des tartines de pain de campagne beurrées. C'est rustique et c'est divin !

Berniques en sauce

Prévoir un
saladier
de berniques,
un grand verre
de vin blanc,
2 échalotes
et du beurre,
une cuillerée
à soupe de farine
et un peu
de crème fraîche,
du sel
et du poivre.

En option,
2 ou 3 œufs durs.

Les berniques en sauce agrémentent parfaitement un plat de pâtes fraîches. On peut les servir aussi sur des toasts grillés avec une salade, ou encore en garnir des coquilles saint-jacques vides et propres, recouvrir de chapelure et de beurre fondu et mettre à gratiner sous le gril du four.

Bien laver les coquillages dans plusieurs eaux puis les mettre dans une casserole avec le vin et porter à ébullition. Retirer après quelques bouillons.

Égoutter les berniques en conservant le jus qui sera filtré à travers un chinois tapissé d'un linge fin et mouillé.

Retirer les berniques des coquilles, ôter la partie noire et hacher le reste des chairs.

Dans une cocotte à fond épais, faire fondre les échalotes émincées dans du beurre, saupoudrer de farine, ajouter le jus de cuisson filtré, puis les chairs des coquillages. Assaisonner, laisser mijoter une dizaine de minutes, ajouter selon son goût les œufs durs et lier avec la crème à la fin de la cuisson.

Coques au naturel

Il faut
1 kg de coques
pour 4 personnes,
un verre
de vin blanc
ou de cidre,
du gros sel
pour dégorger
au moins
2 heures
à l'avance.

C'est un des grands plaisirs de la pêche à pied. Marcher sur des grèves immenses, les pieds nus, les yeux remplis de paysage, et soudain c'est imperceptible, un petit bruit, un sol plus dense sous la plante des pieds : le banc de coques est là !

Dans un sable mouillé, il faudra « danser » les coques en piétinant sur place pour les faire remonter à la surface. Dans un sable plus sec, il s'agira plutôt de repérer deux petits trous rapprochés qu'il faudra creuser à la fourchette pour ramasser les coquillages jusqu'à en remplir son panier.

Bien rincer les coques et les mettre à dégorger dans une bassine d'eau fortement salée pour 2 heures au moins. Les coques s'ouvriront et cracheront pour se nettoyer. Les égoutter après ce temps.

Faire chauffer le vin dans une grande casserole, y jeter les coques et remuer constamment pendant quelques minutes jusqu'à l'ouverture de tous les coquillages.

Servir aussitôt avec des tartines de pain de seigle beurrées.

Coques en salade ou au gratin

Pour faire les coques
en salade pour 4 personnes,
il faut 1 kg de coques cuites
comme précédemment,
un bulbe de fenouil,
4 pommes de terre fermes
et cuites,
une échalote hachée,
un bol de vinaigrette
et quelques brins de
fenouil.

Pour préparer les coques
au gratin pour 4 personnes,
prévoir 1 kg de coques
cuites au naturel,
un bol de béchamel très
épaisse bien assaisonnée,
4 coquilles saint Jacques
vides et généreusement
beurrées,
encore un peu de beurre
et de la chapelure.

Pour **la salade de coques**, débiter le fenouil en petits dés et les placer au fond d'un saladier avec la vinaigrette et l'échalote, puis ajouter les pommes de terre épluchées et coupées en dés elles aussi.

Par ailleurs retirer les coquilles des coques et ajouter les chairs à la salade. Mélanger et garnir de fenouil ciselé.

Pour **le gratin**, retirer les coquilles des coques. Ajouter les chairs à la béchamel ainsi que le jus de cuisson filtré.

Mélanger, répartir dans les coquilles saint-jacques, saupoudrer de chapelure puis de beurre fondu et mettre à gratiner quelques minutes au four.

Moules au naturel

Prévoir
3 litres de moules
(ou 1,5 kg),
1 verre
de vin blanc
ou de cidre,
1 échalote
émincée
et
du poivre moulu.

Voici le coquillage le plus commun de nos côtes, ce qui ne le rend pas moins excellent et le prête à toutes sortes de préparations.

Il est important de bien préparer les moules, c'est-à-dire de les gratter si nécessaire et de retirer au couteau le filament d'attache, avant de les laver dans plusieurs eaux et de les égoutter.

Verser le vin dans un grand faitout, ajouter l'échalote émincée, poivrer généreusement et porter à feu vif. Jeter les moules dans le faitout dès le premier bouillon. Remuer constamment en faisant remonter les moules du fond sur le dessus. L'opération totale ne prend que quelques minutes et il faut stopper le feu à l'instant où toutes les moules sont ouvertes.

Poser le plat directement sur la table et servir à la louche, en prévoyant un récipient pour jeter les coquilles.

On présente en même temps dans certaines familles des petits ramequins individuels de vinaigre poivré ou de vinaigre à l'échalote (voir en page 59) pour y tremper les moules.

Moules à la crème ou au curry

Pour préparer les moules au curry, il faut 3 litres de moules (1,5 kg), 2 échalotes, du beurre, 1 cuillerée à soupe de curry, une cuillerée à soupe de farine, 2 verres de muscadet et un petit pot de crème fraîche.

Pour obtenir des moules à la crème, il suffit d'ajouter à la recette précédente, 3 grosses cuillerées de crème fraîche en fin de cuisson, juste avant d'arrêter le feu.

Faire fondre les échalotes émincées dans du beurre au fond d'une grande casserole. Saupoudrer de curry et de farine, bien mélanger et délayer avec le vin blanc. Mettre à feu vif et jeter aussitôt les moules dans la casserole, toujours en remuant pour obtenir une cuisson homogène des coquillages. On peut à ce moment-là, dès que les moules sont ouvertes, ajouter la crème, mélanger et servir.

On peut aussi, pour une présentation plus raffinée, juste avant d'ajouter la crème, pêcher les moules à l'écumoire, les ranger sur un plat après avoir ôté la demi-coquille vide, ajouter alors la crème fraîche au jus de cuisson, faire épaissir la sauce quelques minutes sur le feu et en napper les coquillages.

Moules à la bretonne

Prévoir 3 litres
de moules
(1,5 kg),
2 échalotes,
du beurre,
1 verre
de vin blanc,
une branche
de fenouil,
du poivre moulu
et du persil
haché,
1 cuillerée
à soupe de fécule
et
1 verre de lait.

Faire fondre les échalotes émincées dans un bon morceau de beurre, au fond d'une grande casserole. Mouiller avec le vin, poivrer, ajouter le fenouil et porter à ébullition. Jeter les moules dans la casserole et les faire cuire vivement en les secouant fréquemment.

Égoutter les moules dès qu'elles sont ouvertes, en recueillant le jus de cuisson, qui sera filtré à travers un chinois tapissé d'un linge fin et mouillé.

Ôter la demi-coquille vide de chaque moule et ranger les autres sur un plat maintenu au chaud ou, mieux, dans des assiettes individuelles chauffées.

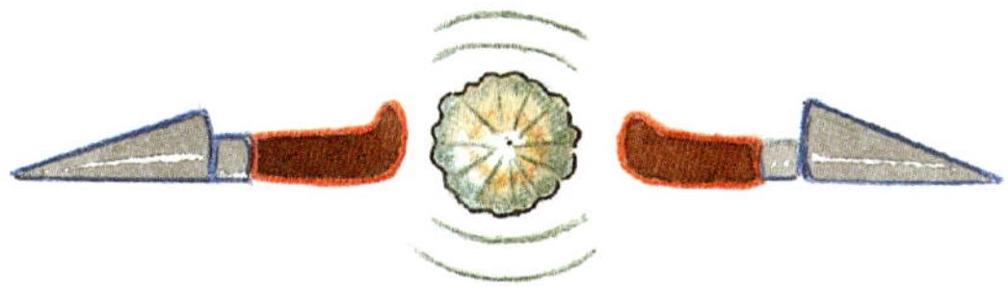

Remettre le jus de cuisson filtré dans une petite casserole, chauffer, ajouter la fécule délayée dans le lait, donner quelques bouillons et rectifier l'assaisonnement avant de verser la sauce sur les coquillages.

Parsemer de persil haché et servir aussitôt.

Coquilles saint-jacques poêlées

Compter 3 à 4 coquilles par personne en plat principal, un peu de lait, du sel et du poivre, un peu de farine et un bon morceau de beurre, 1 gousse d'ail et quelques brins de persil et de ciboulette.

Ce noble coquillage est un des plus fins et succulents qui soit, bien qu'au XVIIIe siècle on ne le consommait guère qu'en cas de disette !

Ouvrir les coquilles au couteau ou plus simplement, les placer quelques instants sur une plaque chauffée. Jeter la partie noire ainsi que les barbes qui ne sont conservées que pour certaines recettes. Bien nettoyer les noix et le corail en les lavant soigneusement puis les éponger sur un papier absorbant.

Les passer ensuite dans du lait assaisonné de sel et de poivre et les rouler dans la farine.

Faire rissoler ces chairs à la poêle, dans un beurre bien chaud, quelques minutes seulement, en les retournant à mi-cuisson. Hacher très finement ail, persil et ciboulette et jeter ce hachis dans la poêle, une minute avant d'éteindre le feu et de servir brûlant.

Coquilles st-jacques au muscadet

Prévoir
3 à 4 coquilles
par personnes
en plat principal,
3 échalotes
et du beurre,
du muscadet,
200 g
de crème fraîche,
2 cuillerées
à soupe de fécule,
du sel
et du poivre.

Préparer les coquilles comme pour la recette précédente en réservant noix et corail bien nettoyés. Faire fondre les échalotes émincées dans du beurre au fond d'une casserole de taille moyenne, mouiller de vin blanc sur 2 cm de hauteur, saler poivrer et laisser cuire 5 minutes.

Ajouter alors les chairs des coquilles, baisser le feu et les laisser pocher tout doucement pendant 5 minutes avant de les repêcher à l'écumoire et de réserver. Délayer la fécule dans la crème et l'ajouter à la sauce en mélangeant bien. Laisser réduire la sauce sans bouillir, remettre les chairs réchauffer et servir.

On peut à ce stade, répartir la préparation dans 6 coquilles propres et beurrées, saupoudrer de chapelure, arroser de beurre fondu et mettre à gratiner sous le gril du four.

Coquilles st-jacques à la bretonne

Il faut
6 belles coquilles
saint-jacques,
1 litre de moules,
autant de coques,
2 verres
de muscadet,
2 échalotes
hachées,
une gousse d'ail
hachée,
un gros morceau
de beurre (80 g),
une poignée
de mie de pain,
du sel,
du poivre
et
de la chapelure.

Brosser et laver les coquillages. Les coques doivent dégorger une heure au moins (voir page 36). Ouvrir les coquilles saint-jacques et les préparer comme précédemment, en prenant soin de nettoyer aussi la partie creuse des coquilles.

Faire tremper la mie de pain dans un verre de muscadet et laisser en attente.

Faire ouvrir moules et coques à feu vif avec l'autre verre de muscadet. Filtrer le jus de cuisson et ôter les coquilles. Hacher les chairs et réserver.

Faire fondre le beurre dans une sauteuse pour y faire revenir ail et échalotes, sans colorer. Ajouter le hachis de moules et de coques, puis les noix de saint-jacques coupées en deux ou trois et enfin le corail des coquillages.

Ajouter encore la mie de pain trempée au muscadet et le jus de cuisson des moules et des coques. Mélanger délicatement et laisser mijoter quelques minutes.

Répartir la préparation dans les coquilles vides largement beurrées, saupoudrer de chapelure et de noisettes de beurre et faire gratiner 5 minutes sous le gril du four.

Praires farcies

Compter
6 praires
par personne
et
pour 24 praires,
2 échalotes,
2 gousses d'ail,
un bouquet
de persil,
un quart
de beurre (125 g)
et du poivre.

Les praires se mangent le plus souvent crues sur un plateau de fruits de mer, mais la praire farcie est une spécialité bretonne à ne pas négliger.

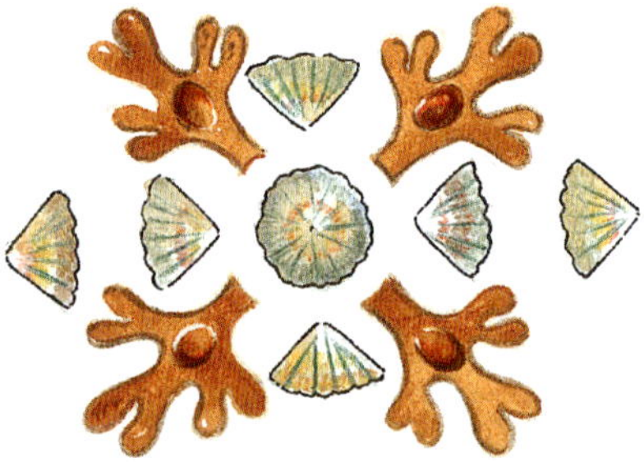

Hacher très finement l'ail, l'échalote et le persil, puis mêler intimement ce hachis au beurre ramolli.

Ouvrir les praires avec un couteau de cuisine en ne conservant qu'un seule coquille avec toute la chair. Ranger ces coquilles dans un plat à escargots ou dans un plat à four tapissé de papier d'aluminium froissé pour assurer leur stabilité.

Garnir chaque coquille de beurre assaisonné et passer au four 5 minutes.

Palourdes farcies à la lorientaise

Compter 1 kg
de grosses
palourdes
pour 4 personnes,
une gousse d'ail,
une échalote,
un bouquet
de persil,
une cuillerée
à café de curry,
100 g de beurre
salé,
1/2 verre
de vin blanc
et un peu
de gruyère râpé.

Faire ouvrir les palourdes bien lavées dans une grande casserole avec le vin blanc.
Garder une des coquilles avec la chair de l'animal et les ranger dans un plat à four tapissé de gros sel.

Par ailleurs, hacher finement l'ail, l'échalote et le persil et mêler intimement au beurre ramolli avec le curry.

Répartir ce hachis dans les coquilles, saupoudrer de gruyère râpé et faire gratiner 5 minutes au four.

Huîtres chaudes

Prévoir
4 grosses huîtres
par personne,
et pour 16 huîtres
environ :
un peu
de muscadet,
une petite
échalote grise,
un jaune d'œuf,
2 cuillerées à
soupe de crème
fraîche
et un soupçon
de poivre.

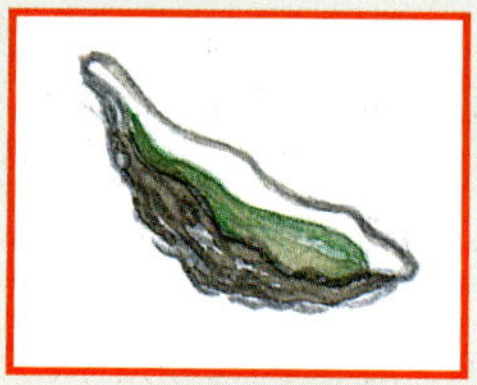

Les amateurs ne mangeront les huîtres que crues et bien vivantes, juste ouvertes, après avoir jeté la première eau. Ils accepteront peut-être un filet de citron, voire un peu de vinaigre à l'échalote ou encore, comme les Américains, du ketchup bien relevé, mais cuites, jamais !

Qu'ils se rassurent, les huîtres de cette recette ne sont pas cuites, mais seulement chaudes, alors pourquoi ne pas essayer ?

Ouvrir les huîtres en versant chaque fois l'eau dans un bol puis les placer sur un lit de gros sel, dans un plat à four. Vider à nouveau dans le même bol, la deuxième eau rendue par les huîtres et replacer les coquillages à leur place.

Filtrer ce jus à travers un chinois tapissé d'une mousseline mouillée et le recueillir dans une petite casserole. Ajouter la même quantité de vin, une pincée de poivre et laisser réduire de moitié à petit feu.

Hors du feu, incorporer le jaune d'œuf et la crème en fouettant. Répartir la sauce sur les huîtres et passer sous le grill du four une à deux minutes afin de saisir la sauce sans cuire le coquillage.

C'est un régal !

Ragoût de coquillages

Il faut 1 kg de coquillages bivalves variés, praires, amandes ou vernis, moules, coques dégorgées, 2 verres de muscadet, du beurre, 1 échalote, 1 gousse d'ail, 1 carotte, 1 branche de céleri, 1 tomate, du sel, du poivre et une pincée de cayenne.

Bien nettoyer les coquillages. Les mettre à ouvrir dans une casserole avec le vin blanc, mais en commençant par les plus coriaces : praires, amandes, vernis, et en terminant par les plus fins : moules et coques.

Quand toutes les coquilles sont ouvertes, égoutter les coquillages en filtrant le jus à travers un chinois tapissé d'un linge fin et mouillé.

Par ailleurs faire dorer au beurre, dans une cocotte, l'ail et l'échalote émincés, la carotte coupée en petits dés, la branche de céleri, coupée finement elle aussi. Ajouter la tomate coupée en dés et le jus de cuisson, assaisonner et laisser mijoter pour faire réduire la sauce, le temps de sortir les coquillages de leurs coquilles, sauf quelques-unes pour la présentation.

Ajouter les coquillages dans la cocotte et réchauffer.

Servir avec des pâtes ou du riz safrané.

CHAPITRE QUATRIÈME

Crustacés

Si le roi des crustacés est sans conteste le homard, apprécié et largement pêché depuis le XVIIIe siècle, il se fait de plus en plus rare. Sa cousine la langouste, dépourvue de pinces mais à la chair non moins goûteuse, n'a été découverte par les gourmets, qu'au début du XXe siècle, mais sa pêche, alors fortement intensive, la classe aussi au rang des produits trop rares et trop chers.

La langoustine, modèle réduit des précédents, possède une chair très fine mais très fragile. Originaire de Méditerranée, elle n'aurait commencé à fréquenter les côtes bretonnes qu'à partir de 1900, pour s'y imposer avec succès. Quant aux crevettes, bouquets ou crevettes roses, elles n'ont pas attendu les premiers vacanciers pour être à l'honneur et s'exportent déjà jusqu'à Paris, bien avant le début du siècle.

Restent les crabes, le tourteau ou dormeur, lui aussi à l'instar du homard, muni de pinces impressionnantes ; ou plus modeste et toute hérissée de pointes, l'araignée à la chair peut-être plus fine encore. Quant à l'étrille, appelée aussi crabe-cerise, si sa chair est peu abondante, elle est excellente et sert de base à de succulentes sauces ou potages.

Court-bouillon pour crustacés

Ce court-bouillon sera utile pour la cuisson au naturel de tous les crustacés, par exemple pour la préparation d'un plateau de fruits de mer. C'est aussi ce même court-bouillon qui sera utilisé pour la cuisson des poissons.

Prévoir suffisamment d'eau pour recouvrir largement les crustacés et bien la saler à raison de 25 g de gros sel de mer par litre d'eau ou, mieux, utiliser de l'eau de mer. À cela s'ajoute un oignon épluché et piqué de 2 ou 3 clous de girofle, un bouquet garni et quelques grains de poivre. Ce court-bouillon de base est tout à fait suffisant mais on peut encore l'améliorer ou le corser selon ses goûts en ajoutant davantage d'herbes dont du fenouil ou encore une poignée d'algues brunes (fucus) bien nettoyées. Un verre de vinaigre ou du vin blanc (une demi-bouteille pour 2 litres d'eau) relèvera aussi très bien le court-bouillon, sans oublier les épices, pointe de cayenne, paprika, coriandre, etc.

Plus le court-bouillon sera corsé, plus il faudra le faire cuire seul avant d'y plonger les crustacés (de 10 à 30 minutes), afin qu'épices et saveurs parfument au mieux l'eau de cuisson.

Crevettes grises

Prévoir
suffisamment
de court-bouillon
de base
ou d'eau de mer
pour ce qu'il y a
de crevettes,
du pain bis
et du bon beurre
salé
à volonté.

Juste pêchées, les crevettes grises fourmillent encore au fond du panier. En quelques instants, elles se transformeront en un des mets les plus délectables qui soient ce qui, nul doute, les fera rosir de plaisir !

L'important pour bien réussir la cuisson des crevettes est de les « saisir » aussi vite que possible, afin qu'elles restent fermes et s'épluchent plus facilement par la suite.

Mettre donc le courtbouillon à chauffer et le faire bouillir fortement. Si on a la chance d'avoir à proximité, un feu de bois qui flambe au même moment, y faire rougir un tisonnier.

Jeter les crevettes dans le court-bouillon bouillonnant et, si tisonnier il y a, le plonger aussitôt dans la casserole au milieu des crevettes pendant quelques secondes, pour faire reprendre le bouillonnement sur l'instant et garantir une cuisson idéale.

Laisser cuire 5 minutes et égoutter. Servir les crevettes en entrée, tièdes ou froides, avec des tranches de pain bis et du beurre salé.

Le nec plus ultra cependant pour goûter au mieux ces crevettes est la préparation de « tartines royales » que chacun fera soi-même. Il s'agit d'éplucher complètement un petit tas de crevettes et d'en garnir des tartines généreusement beurrées.

Langoustines au naturel

La langoustine pour être excellente doit être extrêmement fraîche puis cuite et égouttée rapidement.

Préparer un court-bouillon assez relevé (voir page 50) et le laisser cuire 15 minutes avant d'y plonger les langoustines lavées et égouttées.
Compter 10 minutes de cuisson, sortir les langoustines à l'écumoire et les poser sur un torchon plié.

Servir tiède ou froid avec une sauce au choix, mayonnaise, verte, ou bretonne (voir pages 58 et 59).

Langoustines au curry

Il faut
2 douzaines
de langoustines,
1 gros oignon,
1 grosse pomme,
un peu d'huile,
du sel
et 2 cuillerées
à café de curry,
1 demi-bouteille
de muscadet,
un petit pot
de crème fraîche
et
un morceau
de beurre (20 g).

Après avoir bien lavé les langoustines, séparer les queues des coffres (thorax, tête, pattes et pinces). Faire revenir les coffres dans une sauteuse à l'huile bien chaude pendant quelques minutes. Ajouter l'oignon haché, le curry et la pomme épluchée et coupée en dés. Bien mélanger, saler et laisser revenir encore quelques instants puis mouiller de muscadet.

Couvrir et laisser cuire à feu doux 30 minutes.

Piler et écraser les coffres dans la sauteuse, ou encore passer le tout au robot ménager. Filtrer ensuite au chinois et remettre cette sauce sur feu doux pour la faire réduire. Incorporer alors, le beurre et la crème fraîche. Attention la sauce ne doit plus bouillir mais frémir et y jeter les queues de langoustines. Laisser cuire doucement une dizaine de minutes.

Homard à l'armoricaine

Compter
2 homards pour
4 personnes,
1 petit verre
d'eau de vie,
1 verre
de vin blanc,
de l'huile
et du beurre,
2 échalotes
émincées,
2 tomates
épluchées et
coupées en dés,
du sel,
du poivre,
1 pincée
de cayenne
et du persil.

Bien avant de saliver à l'annonce de ce plat somptueux, le premier mot qui vient à l'esprit est « polémique », tant le nom et l'origine de la recette ont fait couler d'encre. Armoricaine ou américaine ? l'origine est-elle provençale ? languedocienne ?

Est-on bien sûr au moins qu'elle soit française ?

Rivalités de cuisiniers, ou coquille de typographes, quoi qu'il en soit la recette est venue jusqu'à nous, délicieuse, succulente, exquise… et que chacun l'appelle comme il voudra !

Tronçonner les homards à cru, détacher les pinces et les briser grossièrement. Couper les coffres (partie de la tête) en deux dans le sens de la longueur et jeter la poche de gravier qui s'y trouve. Prélever le corail et les parties crémeuses et réserver.

Faire chauffer un mélange d'huile et de beurre dans une sauteuse et y jeter les échalotes et les morceaux de homard, coffres compris. Quand le homard est rouge, mouiller à l'eau de vie et flamber. Ajouter le vin blanc, les dés de tomates et assaisonner de sel, poivre et cayenne. Baisser le feu et laisser mijoter à couvert une vingtaine de minutes.

Ôter les morceaux de homard, les dresser sur un plat et maintenir au chaud. *(On peut ou non retirer la carapace).*

Incorporer à la sauce le corail et les parties crémeuses avec autant de beurre coupé en morceaux. Fouetter vivement pour lier la sauce et la verser sur le homard. Parsemer de persil haché avant de servir au plus vite.

Crabe farci (froid)

Il faut,
en plus du crabe,
1 bol
de mayonnaise
(voir page XXX),
1 échalote,
quelques pincées
de paprika,
1 bouquet
de persil,
1 autre
de ciboulette
et
2 œufs durs.

Ce plat délicieux fera un excellent hors-d'œuvre pour 4 personnes ou encore un déjeuner léger mais succulent pour deux. L'araignée, pinces en moins, peut être traitée de la même façon.

Préparer un court-bouillon relevé (voir page 50), le laisser cuire 10 minutes avant d'y plonger le crabe pour 20 minutes. Laisser refroidir. Vider le crabe, décortiquer la chair du corps et des pattes (travail de patience) et réserver.

Décortiquer et réserver à part la chair des pinces. Nettoyer la carapace et l'essuyer. Mélanger dans un saladier la chair du crabe, sauf les pinces, la mayonnaise, les herbes et l'échalote hachées en conservant un peu de ciboulette.

Remplir la carapace avec cette farce et garnir le dessus d'œufs mimosa, c'est-à-dire d'œufs durs passés à la moulinette, décorer avec la chair des pinces, parsemer de quelques brins de ciboulette, saupoudrer de paprika et mettre au frais avant de servir.

Araignée farcie (chaude)

Choisir
1 belle araignée
bien pleine
et ajouter
1 petit verre
d'eau de vie,
autant de coulis
de tomate,
1 grosse échalote,
du beurre,
1 demi-verre de
vin blanc,
du sel,
du poivre
et
de la chapelure.

Cette préparation s'applique tout aussi bien au crabe

Faire cuire l'araignée 20 minutes au court-bouillon (voir page 50) et laisser refroidir puis décortiquer entièrement l'animal.

Faire revenir l'échalote émincée dans une petite casserole avec du beurre. Ajouter la chair de l'araignée, mouiller d'eau de vie et flamber. Ajouter encore le coulis de tomate, le vin blanc, assaisonner et laisser mijoter une dizaine de minutes.

Pendant ce temps, la carapace sera lavée, essuyée et généreusement beurrée à l'intérieur. Remplir la carapace avec la préparation, saupoudrer de chapelure, parsemer de quelques noisettes de beurre et mettre à gratiner quelques minutes à four chaud.

Sauce mayonnaise, verte ou cocktail

Pour 1 bol
de mayonnaise
il faut :
1 jaune d'œuf,
1 cuillerée à
soupe de
moutarde forte
et de l'huile ;
tous ces
ingrédients étant
à température
ambiante.

La mayonnaise sert de base à d'autres sauces utilisées pour les crustacés.

Mélanger au fond d'un bol, le jaune d'œuf et la moutarde et petit à petit, en filet mince, ajouter l'huile sans cesser de remuer le mélange avec une fourchette ou plus simplement avec un batteur électrique.

Quand la mayonnaise est à hauteur du bol et bien ferme, elle est prête. On peut alors l'assaisonner de sel et poivre ou autre condiments.

La mayonnaise verte sera agrémentée, juste au moment de servir d'un hachis de plusieurs herbes, cerfeuil, persil et ciboulette.

La sauce cocktail est une mayonnaise à laquelle on incorpore un peu de ketchup ou de coulis de tomate, et quelques gouttes de tabasco ou une pincée de cayenne.

Vinaigre à l'échalote et sauce bretonne

Pour faire une sauce bretonne il faut :
1 bol de vinaigrette,
1 hachis d'herbes fraîches au choix, persil, cerfeuil ou ciboulette,
quelques câpres ou cornichons
et
un petit pot de crème fraîche.

Très simple à préparer, le vinaigre à l'échalote accompagne admirablement les coquillages et les crustacés.

Il suffit de hacher une échalote, grise de préférence, très finement, de la couvrir d'un verre de vinaigre et de laisser macérer une heure ou deux. C'est un grand classique, toujours délicieux, que l'on peut détendre avec un peu d'eau au moment de servir.

P**our préparer la sauce bretonne,** mélanger les herbes à la vinaigrette et ajouter les câpres ou les cornichons, également hachés finement. Juste au moment de servir lier la sauce avec la crème fraîche.

CHAPITRE CINQUIÈME

Poissons

On pourrait écrire des livres multiples, voire des encyclopédies sur le sujet, tant la pêche et la Bretagne ont une histoire commune intense et riche depuis l'origine des temps, une histoire lourde de passé et aujourd'hui encore en pleine mutation.

La pêche s'organise en 4 grands secteurs : la grande pêche, la pêche au large ou hauturière, qui se pratique à bord des grands chaluts pour une quinzaine de jours, la petite pêche qui ne dure pas plus de 4 jours, et enfin la pêche côtière qui ne s'étend que sur la journée. Ces deux derniers modes de pêche restent artisanaux mais non moins compétitifs malgré les progrès de l'industrialisation et la raréfaction de certaines espèces.

À cela on serait tenté d'ajouter un cinquième secteur, celui de l'aquaculture, encore tâtonnante, mais certainement promesse d'avenir.

Enfin il ne faut pas oublier les poissons d'eau douce qui peuplent rivières et cours d'eau dans l'intérieur des terres, l'anguille et ses alevins, les civelles, le saumon et la truite, ainsi que le terrible et légendaire brochet.

À propos de la cuisson des poissons

Au court-bouillon

Le court-bouillon est au départ de l'eau salée, idéalement de l'eau de mer, mais aussi une eau parfumée de divers ingrédients et aromates, dont la recette est donnée au chapitre des crustacés, page 50. Attention cependant ! Au contraire des crustacés qui sont plongés dans le liquide bouillant, il faut faire refroidir le court-bouillon avant d'y mettre le poisson et amener le liquide tout doucement au frémissement en évitant les gros bouillons.

À la poêle

Les poissons sont roulés dans la farine avant d'être placés dans la poêle, chauffée à feu moyen, avec un mélange de beurre et d'huile.

Frits

Ce mode de cuisson se pratique pour les petits poissons qui sont passés dans le lait avant d'être roulés dans la farine et jetés dans la friture très chaude. Ils sont ensuite égouttés sur du papier absorbant.

Grillés

Cette cuisson sent bon les vacances ! Pour la réussir, le lit de braises doit être à point et en quantité nécessaire, et la grille doit être chauffée avant d'y déposer les poissons préalablement huilés et assaisonnés.

Au four

C'est une bonne façon de cuire le poisson presque sans odeur, et presque sans s'en occuper tout en l'accommodant avec les légumes de son choix.

Brochet au beurre blanc

Il faut un beau
brochet et de quoi faire
un court-bouillon corsé
et pour le beurre blanc :
3 échalotes, 1 verre à
moutarde de vinaigre
de vin blanc
(ou moitié vinaigre
moitié vin blanc),
125 g de beurre salé
et du poivre.
L'usage d'une
poissonnière munie
d'une grille est vivement
recommandé.
Il faudra, sinon, trouver
une casserole
suffisamment grande
pour que le brochet
y baigne à son aise.

Est-ce pour ce redoutable carnassier des rivières qu'on inventa le beurre blanc ? Il est vrai que cette fameuse sauce accompagne à la perfection la fine saveur du poisson, mais son invention serait due à l'erreur d'une brave cuisinière nommée Clémence, qui ayant raté sa béarnaise, aurait régalé néanmoins ses convives avec ce qui s'appellerait désormais le « beurre blanc nantaise » !

On peut encore servir ce beurre blanc avec du turbot, de l'alose ou aussi du homard.

Préparer à l'avance un court-bouillon corsé et bien relevé (voir page 50), le faire cuire 30 minutes et le laisser refroidir.

Attention pour la suite à bien régler son temps, le brochet doit arriver cuit à point, juste en même temps que le beurre blanc, ainsi qu'un plat de pommes de terre à l'anglaise !

Déposer le brochet nettoyé et vidé sur la grille de la poissonnière, ou sinon dans un torchon très fin, ce qui facilitera son repêchage, et le mettre à pocher de 20 à 30 minutes dans le court-bouillon frémissant sans laisser bouillir. Préparer le beurre blanc pendant ce temps, tout en ayant mis à cuire les pommes de terre.

Hacher finement les échalotes et les mettre au fond d'une petite casserole avec le vinaigre. Laisser réduire en surveillant jusqu'à évaporation du liquide, pendant que le beurre sera coupé en petits dés. Dès que le liquide est évaporé, verser par-dessus 2 cuillerées à soupe d'eau de cuisson de court-bouillon, laisser bouillir, baisser le feu et incorporer les morceaux de beurre tout en fouettant hardiment pour obtenir une sauce lisse et mousseuse qui sera poivrée au dernier moment.

Les puristes sont unanimes : pas de crème fraîche ni de jus de citron dans le beurre blanc, mais il faut savoir qu'une cuillerée de crème fraîche ajoutée à la dernière minute, stabilisera cette sauce apte à tourner facilement.

Les pommes de terre sont prêtes ? Le brochet cuit à point ? Vite à table ! ce plat-là n'attend pas.

Anguille aux pruneaux

Prévoir 1 ou
plusieurs
anguilles
selon la grosseur
des sujets
et en quantité
suffisante
pour 6 convives,
une poignée
de lardons,
3 échalotes,
2 douzaines
de pruneaux,
du beurre,
1 cuillerée à soupe
de farine,
du sel et du
poivre, 1 bouquet
garni et
1 demi-bouteille
de muscadet.

Ce drôle de long poisson voyageur, né dans la mer des Sargasses, se pêche depuis longtemps dans les rivières bretonnes ou encore dans les étangs de Guennedel.

C'est un poisson blanc à chair grasse et au goût corsé, qui peut se griller, se cuisiner en matelote ou encore se fumer, suspendu plusieurs jours à l'intérieur de la cheminée.

Mettre les pruneaux à tremper dans l'eau tiède. Dépouiller l'anguille en retournant la peau comme un gant, bien la laver et la vider, et couper le poisson en tronçons.

Faire revenir ces tronçons au beurre dans une sauteuse, ajouter les lardons et les échalotes hachées en laissant bien dorer le tout sans brûler.

Saupoudrer de farine, mélanger et arroser avec le vin blanc. Assaisonner, sel, poivre et bouquet garni, et laisser mijoter une trentaine de minutes, ce qui laisse le temps de dénoyauter les pruneaux (ceci étant facultatif). Ajouter les pruneaux et continuer la cuisson à petit feu, une demi-heure de plus.

Civelles en salade, en omelette ou frites

Ce sont des alevins d'anguille pêchés au printemps, presque transparents et de la longueur d'un doigt, et qui font les délices des amateurs. Parmi ces amateurs, les vrais les mangeront crues avec un peu de mayonnaise et les autres les goûteront frites, en salade ou en omelette.

Pour préparer les civelles en salade, commencer par bien les laver dans deux à trois eaux, dont une fortement vinaigrée et les placer dans un récipient. Faire par ailleurs un court-bouillon corsé (voir page 50) et le laisser cuire 20 minutes avant de le verser bouillant sur les civelles.

Laisser celles-ci ainsi pocher 4 minutes hors du feu et les égoutter. Les servir en ravier ou dans des coupes individuelles sur lit de salade, puis les arroser d'une vinaigrette assez relevée avec échalote, pointe d'ail et ciboulette.

Pour faire une omelette de civelles, il suffit de les pocher comme ci-dessus et de les glisser dans l'omelette à peine cuite, juste avant de la plier.

Les civelles à frire seront d'abord lavées, essuyées doucement dans un torchon, puis passées dans du lait assaisonné de sel et de poivre. Les rouler ensuite dans la farine, et les jeter dans la friture chaude pendant quelques secondes. Égoutter et servir en buisson avec, à part, de la mayonnaise et des quartiers de citron.

Bar en croûte de sel

Acheter un beau bar bien frais de 1 kg environ et le double de gros sel gris un peu humide. Il faut aussi quelques brins de thym, de romarin et des feuilles de laurier ou quelques branches de fenouil et du poivre. Des poignées d'algues fraîches agrémenteront la présentation.

Les marais salants de Guérande produisent le meilleur sel du pays : gros sel gris iodé, étonnante et précieuse fleur de sel, sel parfumé aux algues, etc.

C'est ce sel qui, sans pour autant trop saler, révélera la saveur du poisson en l'enfermant d'une coque protectrice.

Préchauffer le four à 250 °C (th. 9), c'est-à-dire très chaud. Vider et laver le bar, surtout sans l'écailler. Mettre la moitié du sel sur la plaque du four et poser le poisson par-dessus. Le garnir à l'intérieur d'herbes et de poivre, puis le recouvrir entièrement de sel en pressant bien. Enfourner et laisser cuire 30 minutes ou un peu plus si le bar est plus gros.

Surtout : mélanger le sel avec du blanc d'œuf pour qu'il accroche bien !

Décorer d'algues, la tôle du four et présenter à table tel quel. Casser alors la croûte de sel pour que chacun puisse humer les arômes qui s'en dégagent. Détailler les filets et servir avec du beurre fondu, des quartiers de citron ou un beurre blanc.
(Voir page 64.)

Carrelets au gratin

Compter une plie
de taille moyenne
par personne,
3 échalotes,
quelques
champignons
s'il y en a,
2 à 3 verres de vin
blanc,
1 gros morceau de
beurre,
1 petit pot
de crème fraîche,
de la chapelure,
le jus d'un citron,
du sel
et du poivre.

Le carrelet, ou plie, est le cousin pauvre de la sole, de la limande, voire du turbot. Plat et gris, il se confond au fond de l'eau avec la limite mouvante du sable et de la vague...

Et pourtant, juste pêché, il est excellent. Il suffit de le faire frire 2 minutes de chaque côté, après avoir coupé les bords des nageoires pour éviter les arêtes, ou encore de le préparer, de façon plus gastronomique, au gratin.

Vider, laver, essuyer les poissons et les coucher dans un plat à four largement beurré, sur un lit d'échalotes et de champignons hachés. Mouiller de vin blanc, saler poivrer et faire cuire 15 à 20 minutes à four chaud.

Retirer les poissons du plat et verser le liquide de cuisson, avec échalotes et champignons, dans une petite casserole. Faire réduire de moitié à feu doux.

Pendant ce temps, lever délicatement les filets des plies et les ranger à nouveau dans le plat de cuisson. Ajouter alors à la sauce, après avoir éteint le feu, la crème et le jus de citron. Battre au fouet et verser sur les poissons. Recouvrir de chapelure, parsemer de noisettes de beurre et mettre à gratiner au four 5 à 10 minutes.

Maquereaux à la quimpéroise

Prévoir
1 maquereau
par personne,
un beau bouquet
garni, quelques
grains de poivre
concassés,
2 gousses d'ail
et un oignon,
du sel et 2 verres
de vin blanc,
et pour la sauce,
une cuillère
à soupe
de moutarde,
2 jaunes d'œufs,
1 gros morceau
de beurre (50 g)
et un bottillon de
ciboulette.

Appelé Lisette *quand il est petit, le maquereau, au goût prononcé, s'accommode bien de sauces relevées et particulièrement de moutarde, comme dans cette recette quimpéroise.*

Faire un court-bouillon très relevé avec le vin blanc, l'ail et l'oignon coupés en morceaux, le sel, le poivre, le bouquet garni et suffisamment d'eau pour recouvrir les poissons. Ajouter les têtes des maquereaux et laisser cuire un quart d'heure au moins, pour mieux renforcer la saveur du bouillon.

Vider et nettoyer les maquereaux, puis les mettre à pocher tout doucement dans le court-bouillon, de préférence refroidi et remis sur le feu, et ce, pour une dizaine de minutes ou selon la grosseur des poissons.

Pendant ce temps, faire fondre le beurre doucement. Mélanger dans un bol les jaunes d'œufs et la moutarde, verser dessus le beurre fondu en tout petit filet, en remuant constamment comme pour faire monter une mayonnaise.

Détacher les filets des maquereaux une fois cuits, et les ranger au chaud sur un plat de service. Napper les poissons de la sauce, garnir de ciboulette hachée et servir à l'instant.

Congre au pot-au-feu

Il faut tous les légumes du pot-au-feu, carottes, oignons, navets, jeunes poireaux ficelés en botte, branches de céleri, bouquet garni, bouquet de persil, du sel et du poivre en grains, ainsi qu'un beau morceau de congre pris près de la tête du poisson, (1 kg environ) et une livre de pommes de terre.

Préparer tous les légumes sauf les pommes de terre, les couper en morceaux et les mettre à cuire dans une grande marmite à l'eau salée, avec des grains de poivre, le bouquet garni et le persil.

Au bout de 45 minutes, ajouter le congre et les pommes de terre épluchées et coupées en quatre.

Laisser cuire 30 minutes de plus avant de servir le poisson sur un plat, entouré de ses légumes, et le bouillon à part dans des bols, avec des tranches de pain rassis ou grillé.

Poissons au curry

Il faut,
par personne,
une portion de
poisson entier
ou en filets,
et pour la sauce :
1 gros morceau
de beurre,
1 cuillerée à café
de curry,
1 cuillerée à soupe
rase de farine,
1 peu de liquide de
court-bouillon
de poisson
ou, à défaut d'eau,
2 cuillerées
à soupe de crème
fraîche,
du sel
et du poivre.

La sauce au curry, bien intégrée dans la cuisine bretonne, agrémente au mieux, et de façon originale, les poissons les plus ordinaires, qu'ils soient cuits au court-bouillon ou tout simplement poêlés.

Préparer la sauce pendant la cuisson des poissons. Faire chauffer le beurre dans une petite casserole avec le curry, du sel et du poivre.

Saupoudrer de farine, bien remuer et verser du bouillon peu à peu, sans cesser de remuer, jusqu'à ce que la sauce ait la consistance voulue.

Baisser le feu, laisser mijoter 5 minutes encore, en surveillant et ajouter la crème au dernier moment.

Napper les poissons avec la sauce ou la servir à part en saucière.

Rougets lorientaise

Prévoir 1 rouget
par personne,
de l'huile,
3 tomates,
3 gousses d'ail,
du sel
et du poivre,
1 petit verre
de muscadet
et
une dosette
de safran.

C'est un bon plat d'été, car il peut se manger froid.

Préparer les poissons qui seront écaillés, vidés, nettoyés et essuyés, puis les ciseler, c'est-à-dire pratiquer quelques entailles sur la peau.

Une fois salés et poivrés, les faire revenir à l'huile de chaque côté dans une sauteuse.

Ajouter l'ail haché et les tomates coupées en petits dés. Mouiller avec le vin, ajouter le safran, baisser le feu, couvrir et laisser mijoter un quart d'heure.

Dresser sur un plat, décorer de fines rondelles de citron et servir aussitôt, ou mettre au frais pour un délicieux plat d'été.

Thon à la cocotte

Il faut un beau
morceau de thon
de 1 kg
un peu d'huile
et de beurre,
des tranches
de poitrine fumée,
3 carottes,
1 livre
de petits pois,
1 oignon,
2 gousses d'ail,
4 tomates,
du sel
et du poivre
et
2 petits verres
de muscadet.

Entourer le morceau de thon de tranches de poitrine fumée et le ficeler comme un rôti. Le faire revenir sur tous les côtés dans une cocotte, dans un mélange d'huile et de beurre. L'ôter de la cocotte et réserver.

Éplucher les carottes et les couper en rondelles, couper l'oignon en quatre. Mettre ces légumes à revenir dans la cocotte à la place du thon pendant 5 minutes. Replacer le rôti de thon dans la cocotte en écartant les légumes tout autour, saler, poivrer et mouiller de vin blanc et d'eau en quantité égale.

Laisser mijoter 20 minutes pendant lesquelles les tomates seront coupées en dés et les petits pois écossés.

Au bout de ce temps, retourner délicatement le rôti, ajouter les autres légumes avec l'ail haché et laisser mijoter 20 minutes de plus.

Servir en compagnie d'un riz créole.

Filets de saint-pierre au four

Prévoir un filet par personne,
4 oignons,
2 tomates,
2 verres de vin blanc,
sel, poivre
et
fleur de thym.

Les filets de saint-pierre sont excellents, tout simplement poêlés au beurre, mais on peut varier les plaisirs en les préparant au four. La recette est la même pour un poisson entier, il suffit d'y ajouter 10 minutes de cuisson.

Peler les tomates après les avoir plongées quelques secondes dans l'eau bouillante, puis les concasser. Éplucher, émincer les oignons et les faire fondre au beurre dans une sauteuse. Ajouter les tomates et laisser revenir quelques instants encore, puis verser dans un plat à four pour en tapisser le fond.

Ranger les filets de poisson par-dessus, saler, poivrer, saupoudrer de fleur de thym et mouiller de vin blanc.

Cuire 20 minutes à four moyen.

Lotte à l'armoricaine

Il faut 1 kg
de lotte environ,
un peu de farine,
du beurre
et un peu d'huile,
2 verres d'eau
de vie,
1/2 bouteille
de vin blanc sec,
2 gousses d'ail
et 2 échalotes,
un bouquet garni,
un verre de coulis
de tomate,
du sel
et du poivre.

Couper la lotte en morceaux, les rouler dans la farine et les faire dorer au beurre avec un peu d'huile dans une sauteuse. Mouiller d'un des verres d'eau de vie et flamber.

Retirer les morceaux de poissons à l'écumoire et réserver. Ajouter dans la sauteuse les échalotes et l'ail hachés, puis le coulis, le vin blanc, le reste d'eau de vie, et le bouquet garni.

Assaisonner et laisser réduire pendant 30 minutes. Remettre les morceaux de lotte dans la sauce et laisser mijoter 15 à 20 minutes de plus.

Morue à la brestoise

Il faut
une bonne livre
de morue salée,
1 kg de pommes
de terre,
3 oignons,
3 blancs
de poireaux,
1 cuillerée à
soupe de farine,
du beurre,
du sel
et du poivre,
et un peu
de chapelure.

Quand les Terre Neuvas partaient de Saint-Malo pour la pêche à la morue, c'était alors un poisson de pauvre réservé aux vendredis et au Carême. Seules les langues de morue constituaient un met de choix.

Mettre la morue à dessaler pendant 24 heures dans un grand récipient d'eau froide en changeant l'eau deux à trois fois. Commencer pendant ce temps la lecture de *Pêcheurs d'Islande* de Pierre Loti.

Le moment venu, faire cuire les pommes de terre en robe des champs et réserver.

Rincer la morue, l'égoutter et la mettre à l'eau froide à pocher sans bouillir une vingtaine de minutes, la peau placée vers le fond de la casserole.

Par ailleurs, éplucher et émincer finement oignons et poireaux pour les faire fondre au beurre dans une sauteuse pendant 15 minutes. Saupoudrer alors de farine, mélanger et mouiller d'une à deux louches d'eau de cuisson de la morue pour faire une sauce. Laisser mijoter 5 minutes. Éplucher les pommes de terre et les couper en rondelles, puis en ranger la moitié dans un plat à gratin bien beurré.

Arranger par-dessus la morue égouttée, effeuillée et débarrassée de sa peau, puis recouvrir du restant de pommes de terre. Verser la sauce sur le tout, saupoudrer de chapelure, arroser d'un peu de beurre fondu et mettre au four à gratiner pendant 15 à 20 minutes.

CHAPITRE SIXIÈME

Charcuteries

Dans le cochon tout est bon! Facile à élever et à nourrir, le cochon depuis toujours fait partie du paysage breton. Cité par Brouët, il représente en Bretagne «le trésor des chaumières et la richesse des pauvres», et la plupart des gens en possédaient, en semi-liberté autour de la ferme.

Il assure à chaque famille une provision de viande pour plusieurs mois, viande qui sera conservée sous différentes formes, séchage, salaisons et cuissons diverses, des procédés peu à peu remisés à l'écart avec l'apparition du froid. Bien heureusement de nombreuses traditions charcutières ont été conservées, comme l'éventail des divers pâtés bretons, qu'ils soient de ménage ou industriels, tel le célèbre «pâté du marin», commercialisé sous la marque Hénaff. Le boudin, les rillettes et les saucisses ne sont pas en reste, mais par-dessus tout, il y a l'andouille. La fameuse andouille de Guéméné, fabriquée artisanalement par les trois charcutiers de la commune qui produisent chacun 200 andouilles par semaine!

Une véritable star qui a sa propre confrérie, ainsi que sa fête annuelle qui a lieu au mois d'août!

Pâté breton

Ce pâté se cuit dans un plat
en terre ovale,
comme un plat à far.
Il se compose de quelques
couennes de porc
(500 g environ)
et d'un morceau de crépine
un peu plus grand que le
plat, avec 500 g de viande
de porc (dans la gorge de
préférence), 250 g de foie
de porc et autant de cœur
de porc ainsi qu'un morceau
de rate si on trouve.
Il faut encore 2 oignons,
1 beau bouquet de persil,
plusieurs feuilles de laurier
du sel, du poivre, du thym,
1 verre d'eau de vie
et 1 œuf.

Rien n'étant jeté du noble animal qu'était le cochon, même les « morceaux les plus bas » finissaient, glorieusement transformés en quelques terrines ou pâtés. Les recettes de ces pâtés de ménage sont nombreuses et celle proposée ici, est simple à réaliser avec les produits du charcutier du coin.

Tapisser le fond du plat avec les couennes, et faire cuire les couennes restantes 10 minutes à l'eau salée.

Par ailleurs, hacher le reste des viandes et des abats et disposer ce hachis dans un grand saladier. Si on utilise un robot ménager, attention à ne pas réduire les abats en purée. Ajouter les couennes cuites et hachées finement, les oignons et le persil également hachés, puis l'œuf et le verre d'eau de vie.

Assaisonner de quelques tours de moulin à poivre et de sel fin à raison de 20 g par kilo de pâté. Malaxer le tout.

Effeuiller le thym sur les couennes tapissant le plat et verser le hachis par-dessus. Bien aplatir avec les mains et décorer de quelques feuilles de laurier. Placer la crépine sur le tout en faisant rentrer les bords tout autour le long du plat.

Enfourner à four très chaud puis baisser le feu au bout de 10 minutes et laisser cuire une heure et demi à four doux (100 °C).

Encore un peu de patience ! Ne consommer le pâté que le lendemain après l'avoir laissé « rassir » au frais.

Rillettes à l'ancienne

Pour 2 pots de rillettes environ, il faut 500 g de chair de porc avec autant de gras que de maigre, du sel, du poivre et du thym, ainsi que 3 échalotes.

C'est une recette à prévoir la veille et qui demande un long temps de cuisson, mais en revanche la préparation est assez simple et rapide. Ce serait donc bien dommage de s'en priver car le goût des rillettes « maison » est autrement préférable à celui des rillettes du commerce.

Couper la viande en grosses bouchées, les mettre dans une casserole, recouvrir d'eau et laisser cuire doucement pendant une heure jusqu'à ce que l'eau s'évapore.
Hacher la viande de préférence au hachoir ou sinon au robot ménager. Dans ce cas veiller à ne pas réduire la viande en bouillie : ne faire tourner le moteur qu'une à 2 secondes pour conserver des morceaux hachés mais non sous forme de purée.

Hacher également les échalotes et remettre le tout à cuire avec quelques gouttes d'eau, du sel, du poivre et du thym, sur feu très doux. La viande ne doit ni brunir ni attacher et cette cuisson lente doit durer 6 heures environ, jusqu'à ce que la graisse remonte transparente à la surface.
Mettre en pots de grès, recouvrir d'une rondelle de papier blanc puis ranger au frais pour ne consommer bien froid qu'à partir du lendemain.

Boudin aux pommes

**Il faut
par personne :
1 morceau
de boudin,
1 pomme
et 1 oignon
et du beurre
pour le tout.
Prévoir
de la purée de
pommes de terre
pour
les grosses faims.**

Le boudin se préparait autrefois dans les familles, le jour même, particulièrement festif, où l'on tuait le cochon.

Le sang frais de l'animal était accommodé d'oignons, de menus morceaux de lard et d'aromates divers, avant de remplir des boyaux de porc pour être poché à l'eau frémissante une demi-heure.

C'est ainsi qu'on le trouve chez le charcutier prêt à être grillé et consommé.

Éplucher les oignons et les couper finement. Les mettre à fondre à feu doux dans une première poêle avec du beurre. Couper les pommes lavées en quartiers, ôter les cœurs, recouper en grosses tranches et les mettre à dorer dans une seconde poêle avec du beurre.

Quand les oignons sont transparents et les pommes bien colorées, mettre le boudin à griller sur un feu de braise après l'avoir piqué de la pointe d'un couteau.

À défaut, le faire revenir avec un peu de beurre dans une troisième poêle pendant quelques minutes. Tout doit être servi bien chaud au même moment, de préférence sur des assiettes individuelles chauffées à l'avance.

Andouille à la bretonne

Il faut
1 andouille fumée entière,
1 bouquet garni,
et
accessoirement un petit paquet de foin.

L'andouille de Guémené, renommée depuis le XVIIIe siècle, est aujourd'hui connue bien au-delà de la province. Séchée, puis fumée, elle est composée de boyaux de porc ou « chaudins », enfilés les uns dans les autres et qui apparaissent à la coupe, en cercles concentriques.

Elle se goûte, telle quelle en en-cas ou à l'apéritif, avec du pain et du beurre salé, ou encore cuite avec de la purée ou des galettes *(voir pages 27 et 85)**.*

Mettre l'andouille à dessaler la veille au soir en changeant l'eau deux fois.
La rouler ensuite dans un torchon et ficeler le tout comme un saucisson. On peut comme en Ille-et-Vilaine envelopper l'andouille de foin avant de la rouler dans le torchon. Déposer l'andouille ainsi ficelée dans une poissonnière, recouvrir d'eau ajouter le bouquet garni et mettre à pocher doucement pendant 3 heures. Déficeler et couper en grosses rondelles.

Préparer par ailleurs une bonne purée de pomme de terre qui sera dressée sur un plat creux et garnie au milieu de rondelles d'andouille.

Andouille sur purée ou en ragoût

Il faut
de la purée de
pommes de terre,
quelques
rondelles
d'andouille
par personne
et
du beurre.
Pour les jours
de presse,
on pourra
se contenter
de purée
instantanée
qui sera toute
bonifiée
par le goût
de l'andouille.

C'est tellement simple et tellement bon !
Il suffisait d'y penser et sans doute d'être breton !

Mettre le beurre à chauffer dans une poêle et y jeter les rondelles d'andouille. Dresser la purée sur les assiettes et maintenir au chaud. Faire rissoler les rondelles d'andouille quelques minutes et les répartir sur la purée dans chaque assiette.

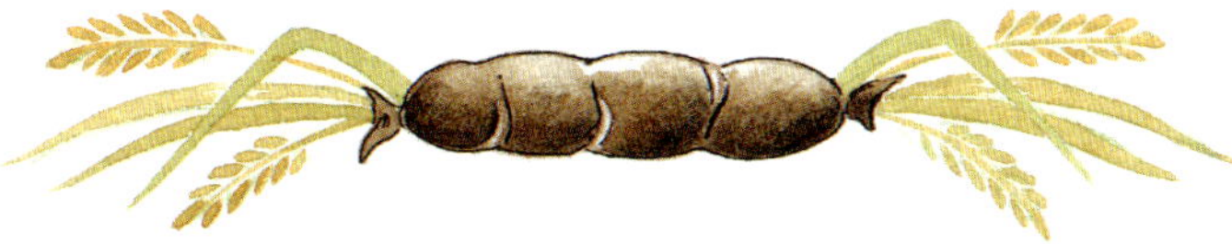

Pour préparer l'andouille en ragoût, prévoir quelques rondelles d'andouille fumée par personne, du beurre, une cuillerée de farine, un bol de bouillon, un verre de vin rouge, 2 carottes, 3 échalotes, une gousse d'ail, quelques pommes de terre et un bouquet garni.
Faire revenir les rondelles d'andouille dans une cocotte avec du beurre. Saupoudrer de farine et mouiller avec le vin et le bouillon. Ajouter le bouquet garni et les légumes épluchés et coupés en morceaux. Laisser cuire trois-quarts d'heure gentiment, jusqu'à ce que les légumes soient tendres.

Lard nantais

Version courte

Il faut
6 côtelettes
de porc
avec graisse
et couenne,
un peu
de saindoux,
2 à 3 verres
de muscadet,
du sel,
du poivre
et de la fleur
de thym.

Ce lard nantais, n'est pas un plat de lard mais un plat de côtelettes de porc. Attention cependant, ces côtelettes sont à commander à l'avance chez le boucher, car elles ne doivent pas avoir été dégraissées ni débarrassées de leur couenne, ce qui est le cas pour les côtelettes proposées à la vente.

Ce plat, dans ses deux versions, se consomme traditionnellement froid en compagnie d'une salade ; c'est donc un excellent plat d'été qui se prépare à l'avance. Chaud, on l'accompagnera de pommes vapeur ou d'une purée de pommes de terre.

Version courte

Enduire généreusement de saindoux un plat allant au four et ranger les côtelettes par-dessus.
Assaisonner, arroser de muscadet et d'autant d'eau, saler, poivrer, saupoudrer de fleur de thym et cuire 30 à 40 minutes à four modéré.

Version tradition

Il faut
6 côtelettes de
porc avec graisse
et couenne,
100 g de couenne
de porc,
autant de cœur,
autant de mou,
autant de rate
et autant de foie, 2
oignons,
du saindoux,
1 demi-bouteille de
muscadet,
du sel,
du poivre
et de la fleur
de thym.

Version tradition

Dans une casserole, faire fondre les oignons dans un peu de saindoux. Ajouter les abats et la couenne coupés en petits morceaux, faire revenir quelques minutes, assaisonner, puis couvrir de muscadet et d'autant d'eau. Laisser cuire 2 heures environ.

Égoutter tout en réservant le jus de cuisson. Disposer les abats au fond d'un grand plat allant au four et ranger les côtelettes par-dessus. Saler, poivrer et parsemer de fleurs de thym, puis mouiller du jus de cuisson.

Enfourner pour une vingtaine de minutes, en arrosant les côtelettes avec le jus plusieurs fois au cours de la cuisson, afin que la viande reste moelleuse.

Potée bretonne

Prévoir un chou
et quelques légumes
d'hiver au choix,
carottes, navets,
panais, rutabaga,
céleri rave
ou en branches,
avec des oignons
piqués de clous
de girofle et des
pommes de terre,
500 g de palette
de porc et autant
de poitrine de porc,
quelques saucisses
ou un saucisson
à cuire,
un bouquet garni,
du sel
et du poivre
en grains.

La potée étant ce que l'on met dans le pot, à savoir bien souvent ce qu'on a sous la main, il n'y a donc pas une, mais une infinité de recettes de potées, variant selon les villages, les familles et l'humeur du jour.

C'est, dans tous les cas, un plat convivial et familial, et qui mijote au coin du feu, dispensant pour le bonheur de tous ses arômes réconfortants.

Mettre les viandes dans un grand faitout, juste recouvrir d'eau, porter à ébullition et écumer. Par ailleurs, couper le chou en quartiers, le blanchir à l'eau bouillante, égoutter et réserver.

Ajouter dans le faitout avec la viande, les oignons, le bouquet garni, le sel et les grains de poivre. Laisser cuire une heure, puis mettre le reste des légumes, sauf le chou et les pommes de terre, pour une cuisson d'encore trois-quarts d'heure. Ajouter alors les saucisses ou le saucisson, les pommes de terre pelées et coupées en deux et par-dessus les quartiers de chou.

Laisser cuire une petite demi-heure de plus à couvert, jusqu'à ce que les pommes de terre soient tendres.

Servir le tout sur un grand plat et garder le bouillon pour une autre occasion. Attention cependant à le mettre immédiatement au frais, voire au congélateur, car le bouillon avec du chou tourne très vite.

Saucisses au cidre

Il faut
12 saucisses
de type chipolatas,
un peu de saindoux
ou, à défaut,
un mélange huile
et de beurre,
2 verres de cidre,
un reste
de jus de rôti
(ou 2 cuillerées
à café de fond de
veau délayées dans
un peu d'eau),
1 jaune d'œuf
et 1 bon morceau
de beurre (20 g).

Voici une façon originale et gastronomique pour préparer les saucisses.

Après les avoir piquées de la pointe du couteau, faire dorer les saucisses à la poêle dans le saindoux. Au bout de 10 minutes, arroser de cidre et laisser réduire 10 minutes de plus. Ôter les saucisses et les ranger dans un plat maintenu au chaud, ajouter le jus de rôti à la sauce, laisser reprendre un bouillon, couper le feu et lier la sauce avec le jaune d'œuf et le beurre.

Napper les saucisses avec la sauce et servir aussitôt avec une purée de marrons en saison ou une purée de pommes de terre.

CHAPITRE SEPTIÈME

Viandes et volailles

La Bretagne n'est pas à proprement parler un grand pays d'élevage et les vaches qui paissent dans les champs, sont plutôt de bonnes laitières que de futurs biftecks.
Mis à part le cochon qui a longtemps constitué le principal de la production de viande bretonne (voir au chapitre des charcuteries), la viande n'était que rarement au menu des Bretons.

Une exception cependant pour le mouton, qu'il soit de Belle-Île, d'Ouessant ou de Brocéliande, mais surtout pour le mouton des herbus, cet agneau de pré salé haut de gamme, très prisé pour sa viande depuis, on le suppose, le XVIe siècle.

La volaille bretonne, en revanche représente la moitié de la production française, et propose des spécialités de haute qualité comme le chapon de Janzé, la poule coucou de Rennes, l'oie de Sougéal ou encore le canard nantais.

Poulet au cidre

À la pleine saison des pommes,
c'est une recette à ne pas manquer.

Il faut
1 poulet fermier,
6 pommes,
1 demi-bouteille
de cidre,
du beurre,
du sel,
du poivre,
un peu de noix
de muscade râpée
et
un petit pot
de crème fraîche.

Couper le poulet en morceaux et le faire dorer au beurre dans une sauteuse, sur toutes ses faces. Saler, poivrer, ajouter une bonne pincée de muscade puis arroser avec le cidre. Couvrir, baisser le feu et laisser mijoter une heure environ. Un quart d'heure avant la fin de la cuisson, ajouter les pommes coupées en quartiers et épépinées, ou sinon les faire rissoler à part dans une poêle avec du beurre.

Quand le poulet est cuit, sortir les morceaux de la sauteuse à l'écumoire et les dresser sur un plat maintenu au chaud avec les pommes tout autour.

Ajouter la crème à la sauce, réchauffer sans laisser bouillir puis verser brûlant sur les morceaux de poulet.

Poulet au muscadet

Se procurer
1 poulet fermier,
1 demi-bouteille
de muscadet,
un peu d'huile,
2 échalotes,
4 gousses d'ail,
du sel de mer,
du poivre
du moulin,
quelques fleurs
de thym
et un peu
de ciboulette
hachée.

Voici un plat très simple à réaliser et pratiquement inratable, mais il faut le prévoir quelques heures à l'avance pour la marinade.

Couper le poulet en morceaux et ranger ces morceaux dans une jatte. Couvrir d'une marinade ainsi faite : le muscadet, 2 cuillerées d'huile (d'olive ou non), sel et poivre, ainsi qu'ail, échalotes et ciboulette hachés.

Bien mélanger et mettre au frais pendant 3 heures au moins, en retournant les morceaux une ou deux fois pendant ce temps.

Sortir les morceaux de poulet de la marinade et les essuyer, puis les ranger dans un plat allant au four, la peau sur le dessus. Badigeonner d'huile. Verser la marinade avec une louche autour des morceaux de poulet, qui doivent y baigner jusqu'à mi-hauteur sans être recouverts.

Mettre au four préchauffé à 215 °C (th. 6-7) pour une heure et quart environ.

Servir avec un riz créole et des tomates poêlées.

Poularde au boudin noir

Prévoir
1 belle poularde
ou
1 poulet fermier,
4 boudins noirs,
100 g de lardons,
4 échalotes,
1 poignée
de raisins secs
trempés
puis égouttés,
1 botte
de persil plat,
du sel
et du poivre
ainsi
que 6 pommes
(1 par personne).

La poularde est une très jeune poule dodue qui n'a pas encore pondu, rien à voir avec la poule son aînée, dont la chair coriace demande une cuisson prolongée.

Assez difficile à trouver sur le marché autrement que sur commande, on pourra remplacer la poularde par un poulet fermier de bonne qualité. Très original, ce mariage traditionnel breton, du boudin et de la volaille, donne un résultat particulièrement savoureux.

Préparer la farce dans une jatte en mélangeant les boudins débarrassés de leur peau, les échalotes hachées, les lardons, les raisins et le persil plat coupé menu. Assaisonner en poivrant généreusement et bien malaxer le tout. Farcir la poularde avec la moitié de cette farce et la déposer dans un grand plat allant au four. Saler, poivrer et enfourner à four chaud (th. 7) pour une cuisson d'1 h 30 environ.

Pendant ce temps, couper le haut des pommes et en retirer le cœur au couteau économe, sans percer le fond. Farcir les pommes du restant de farce et remettre le chapeau. Sortir un instant le plat du four et disposer les pommes autour de la poularde à mi-cuisson, soit 45 minutes environ après l'avoir mise au four. Attention la manœuvre est délicate pour ne pas se brûler ! On peut préférer mettre les pommes dans un plat à part. Terminer la cuisson et servir le plat directement à table. Découper la volaille et offrir à chacun un morceau de poularde, un peu de farce et une pomme farcie.

Poulet de Janzé grillé

Se procurer
un jeune poulet
de Janzé,
un peu d'huile,
de la fleur de sel
et du poivre
du moulin.

Les volailles de Janzé sont reconnues et appréciées depuis le XVIIIe *siècle pour la finesse et le fondant de leur chair.*

Ces volailles élevées en plein air et qui en 1776, «passent pour être délicieuses» dans le Dictionnaire de la Bretagne *de Ogée, ont fait dans les années 1900 le tour du monde aux meilleures tables des paquebots de la Transatlantique.*

Les poulets très jeunes et parfois appelés poussins, les poulardes et les chapons, sont élevés aujourd'hui dans les meilleures conditions, alliant le savoir-faire traditionnel aux technologies modernes pour le plus grand plaisir du consommateur.

Délicieux dans toutes les recettes, on l'appréciera encore mieux cuit le plus naturellement possible, rôti à la broche ou tout simplement grillé.

Couper le poulet en deux et bien aplatir chaque moitié. Badigeonner d'huile sur les deux faces, saler et poivrer. Laisser en attente au frais, le temps de préparer un lit de braises de charbon de bois ou, mieux, de sarments de vigne.

Griller 10 à 15 minutes de chaque côté et servir sur des assiettes chaudes avec un peu de riz créole et des tomates poêlées.

Poulet à la lorientaise

Prévoir
dès la veille,
1 beau poulet
coupé
en morceaux,
1 verre d'huile,
2 oignons,
1 morceau de
gingembre gros
comme un doigt,
6 gousses d'ail,
1 cuillerée
à soupe de curry,
autant
de paprika,
1 pincée de sel
et 4 tomates.

C'est au port de Lorient qu'arrivaient les bateaux, le ventre lourd chargé d'épices, et là, par conséquent, qu'on apprit à les cuisiner. Aussi toutes les recettes nommées « à la lorientaise », sont-elles riches en saveurs exotiques et fortement relevées.

La veille, mettre les morceaux de poulet à mariner dans une grande jatte avec l'huile, le sel et les épices ainsi que l'ail, les oignons et le gingembre, épluchés et coupés finement. Bien mélanger puis tenir au frais.

Le lendemain, transvaser le tout dans une grande cocotte et bien faire dorer les morceaux de poulet en remuant souvent. Ajouter alors les tomates coupées en dés, couvrir et laisser cuire une heure à feu doux.

En cours de cuisson, mouiller d'un peu de liquide, eau, bouillon ou muscadet, si nécessaire.

Servir avec un riz créole.

Frigousse de volaille

Il faut 3 cuisses
de canard,
3 cuisses
de poulet,
1 pigeon coupé
en morceaux,
250 g de lardons,
2 oignons hachés,
de l'huile,
du beurre, du sel
et du poivre,
1 verre d'eau de
vie (lambig),
1 l de cidre brut,
un bouquet garni
et 1 kg de
marrons épluchés
et blanchis.

La frigousse *est une façon de préparer la viande dans une «frigoussière», sorte de grande cocotte. Elle peut être de volaille, de bœuf ou de porc. Cette recette est citée dans de nombreux ouvrages sous le nom de* Frigousse du Grand Ordre *se référant ainsi à une confrérie gastronomique qui s'attache à promouvoir la cuisine et les produits bretons.*

Dans une grande cocotte, faire revenir les morceaux de volaille dans un mélange huile et beurre. Faire revenir en même temps dans une poêle les lardons et les oignons émincés, toujours avec un peu d'huile et de beurre.

Quand tout est bien doré, rajouter les lardons et les oignons dans la cocotte, mouiller de lambig et flamber. Arroser de cidre, assaisonner sans oublier de joindre le bouquet garni, et laisser cuire gentiment pendant 45 minutes.

Ajouter les marrons et continuer la cuisson un petit quart d'heure à feu très doux. Servir brûlant.

Lapin aux champignons des bois

Il faut 1 lapin,
du sel et du poivre,
200 g
de gros lardons,
un peu de farine,
du beurre,
1 bouquet garni,
2 gousses d'ail,
1 demi-bouteille
de cidre brut,
3 échalotes,
1 grosse poignée
de champignons
des bois,
1 jaune d'œuf,
1 cuillerée à dessert
de moutarde
et 1 bouquet
de ciboulette.

Les cèpes sont généralement utilisés dans cette recette, mais d'autres champignons sauvages parfumeront tout autant le plat, à condition bien sûr d'être comestibles ! Au besoin les cèpes séchés et réhydratés, ou garnitures forestières surgelées feront l'affaire.

Couper le lapin en morceaux et réserver le foie. Saler, poivrer et fariner les morceaux de lapin puis les faire revenir au beurre dans une cocotte, en compagnie des lardons. Toutes les faces doivent être bien dorées. Mouiller alors avec le cidre, ajouter l'ail haché et le bouquet garni. Couvrir, baisser le feu et laisser mijoter 45 minutes.

Pendant ce temps bien nettoyer les champignons, les couper en gros morceaux et les faire revenir au beurre dans une poêle, avec les échalotes hachées, pendant 5 minutes. Les ajouter au lapin après 45 minutes de cuisson et laisser cuire 15 minutes de plus.

Par ailleurs, hacher menu le foie du lapin et le mêler intimement au jaune d'œuf et à la moutarde.

Quand le lapin est cuit, au bout d'une heure environ, dresser les morceaux et les champignons sur un plat tenu au chaud. Refaire prendre un bouillon à la sauce au fond de la cocotte, stopper le feu et y jeter le foie aussitôt. Bien remuer pour lier la sauce et la verser sur les morceaux de lapin.

Garnir de ciboulette hachée et servir très vite.

Lapin au muscadet

Il faut 1 lapin,
2 carottes,
3 échalotes
et 2 gousses d'ail,
1 demi-bouteille
de muscadet,
des baies de poivres
différents,
1 branche
de sarriette,
1 cuillerée à soupe
de farine,
de l'huile
et du beurre,
du persil et
des pommes vapeur
en
accompagnement.

Préparer une marinade avec les carottes, les échalotes et l'ail, épluchés mais entiers, le vin, la sarriette, les baies de poivre et le lapin coupé en morceaux, sauf le foie qui sera réservé. Laisser mariner une nuit à 48 heures. Sortir les morceaux de lapin, bien les éponger et les ranger dans un plat à four avec quelques noisettes de beurre par-dessus et quelques cuillerées de marinade au fond du plat. Enfourner à four chaud pendant 45 minutes à une heure.

Pendant ce temps repêcher les échalotes, l'ail et les carottes, couper le tout finement et faire revenir dans une casserole avec du beurre. Saupoudrer de farine, mélanger et verser peu à peu la marinade dans la casserole. Laisser mijoter la sauce jusqu'à la consistance souhaitée, éteindre et réserver.

Quand le lapin est cuit, dresser les morceaux sur un plat tenu au chaud, déglacer le plat de cuisson avec un peu d'eau chaude et mélanger à la sauce qui sera réchauffée et versée sur les morceaux de lapin.

Poêler rapidement le foie dans du beurre chaud, le couper en tranches et disposer sur le plat.

Garnir avec du persil haché avant de servir en compagnie de pommes vapeur.

Canette nantaise aux petits pois

Acheter une canette
de 1,5 kg environ
et prête à cuire
avec :
150 g de lardons,
du beurre,
3 échalotes,
1 laitue,
1 kg de petits pois
écossés,
1 demi-bouteille
de muscadet,
1 verre de fond de
veau ou de jus de rôti
(ou la version instantanée reconstituée),
1 bouquet garni
avec quelques brins
de sarriette,
du sel et du poivre.

Faire fondre un bon morceau de beurre dans une cocotte et y mettre à revenir la canette, les lardons et les échalotes émincées.

Quand la canette est bien dorée sur toutes ses faces, ajouter le fond de veau et le muscadet, ainsi que la sarriette et le bouquet garni, du sel et du poivre.

Laisser mijoter à couvert une trentaine de minutes puis ajouter les petits pois et la laitue coupée en quatre.

Refermer le couvercle et laisser étuver 45 minutes de plus sans remuer.

Gigot de pré salé

Faire l'achat
d'un beau gigot
de pré salé
de 3 à 4 livres,
quelques
gousses d'ail
pour
les amateurs,
du sel
et du poivre.

Dans la baie du Mont-Saint-Michel, les moutons se pressent dans les herbus, bêlant et broutant la doucette, la salicorne et la christe marine, ces herbes salées recouvertes par la mer aux grandes marées, ce qui donne à la viande ce goût particulier.

Préchauffer le four très chaud (th. 9). Saler et poivrer la viande disposée dans le plat à four et le piquer ou non, de quelques gousses d'ail.

Autrefois, on enduisait généreusement le gigot de beurre, mais les habitudes diététiques d'aujourd'hui, le font cuire « à sec ».

Il faut compter 12 minutes par livre, soit trois bons quarts d'heure pour un gigot de 2 kg.

Quand il est cuit, mettre le gigot au chaud sur un plat de service et attendre quelques minutes avant de le découper. Déglacer le plat avec un peu de muscadet, de jus de cuisson de haricots ou à défaut d'eau.

Traditionnellement, le gigot se sert avec des haricots à la bretonne (voir page 112) dans lesquels on aura mêlé un peu de jus de cuisson. La purée d'oignons, (voir page 121) est également un accompagnement original et délicieux.

Kig-ha-farz

Il faut 500 g
de bœuf
à pot-au-feu,
500 g de porc,
1 grosse tranche
de lard (500 g),
4 carottes,
4 navets,
4 poireaux,
2 oignons piqués
de clous de girofle,
1 branche de céleri,
1/2 chou,
du sel,
du poivre en grains
et
un beau bouquet
garni.

C'est une des recettes traditionnelles et paysannes les plus typiques de la Bretagne occidentale. L'originalité de ce pot-au-feu breton consiste à faire cuire avec viandes et légumes, une bouillie de farine de blé noir, ou farz, enfermée dans un sac de toile réservé à cet usage.

Mettre les viandes, sauf le lard, au fond d'une grande cocotte. Recouvrir d'eau froide et porter à ébullition. Écumer aux premiers bouillons, ajouter quelques grains de poivre, saler discrètement et laisser cuire une heure. Ajouter alors le lard et les légumes sauf le chou qui sera cuit à part, coupé en quatre, blanchi et revenu à la poêle.

Pendant ce temps, préparer le farz : verser la farine dans un grand saladier et la délayer peu à peu avec le lait, l'œuf battu, le beurre fondu et ce qu'il faut de bouillon pour obtenir une pâte épaisse et onctueuse.

Saler, poivrer et incorporer les raisins secs. Laisser reposer le temps de coudre un torchon de lin ou de pur coton en sac. Ébouillanter ce sac avant de le remplir de pâte, aux trois quarts seulement, car la pâte gonfle, et de ficeler l'ouverture solidement avec de la ficelle de boucher.

Pour le farz,
il faut :
250 g de farine
de sarrasin,
1 verre de lait,
100 g de raisin secs,
50 g de beurre,
du bouillon
de cuisson,
du sel
et du poivre
et...
de petits talents
de couturière.

Le pot-au-feu ayant cuit 2 heures déjà, y plonger le sac et poursuivre la cuisson une heure trente de plus, en ajoutant le chou braisé juste un peu avant la fin de la cuisson pour le réchauffer.

Sortir alors à l'écumoire les viandes et les légumes qui seront dressés sur un plat de service tenu au chaud. Sortir le farz du sac, le couper en tranches ou l'émietter et l'arroser de beurre fondu.

Verser le bouillon dans une soupière et servir en même temps.

Chaque convive se servira de viandes, de légumes et de farz, arrosant le tout, à sa guise, de bouillon.

Jarret de veau aux légumes

Il faut un jarret
de veau,
3 oignons piqués
de clous de girofle,
2 gousses d'ail,
quelques carottes,
navets et poireaux,
1/2 céleri rave coupé
en morceaux,
2 ou 3 branches
de céleri et 1 forte
poignée de haricots
blancs frais,
1 livre de pommes
de terre,
1 beau bouquet garni,
quelques grains
de poivre,
du gros sel
et 1 bol
de vinaigrette
aux fines herbes,
bien relevé.

Mettre le jarret à l'eau froide dans un faitout, porter à ébullition et écumer. Ajouter aromates et légumes, sauf les pommes de terre, et laisser cuire une heure et demi.

Ajouter les pommes de terre épluchées et selon la taille, entières ou coupées en deux, et continuer la cuisson 45 minutes environ.

Servir le bouillon au début du repas ou le garder pour une autre occasion. Dresser la viande entourée de ses légumes sur un plat, avec à part, la vinaigrette en saucière.

Pâté de gueux

Il faut 1 tranche de lard gras (125 g) cuite auparavant pendant 2 heures, 350 g de restes de viandes, 2 échalotes, 1 gousse d'ail, 1 bon bouquet de persil, du sel, du poivre et du beurre ainsi qu'une bonne livre de purée de pommes de terre très épaisse et un peu de bouillon.

Plus qu'un pâté, c'est la version bretonne du hachis Parmentier. Cette recette utilise au mieux les restes de viande et particulièrement de pot-au-feu ou autre potée, dans lesquels on aura eu soin de prévoir la cuisson d'une belle tranche de lard réservée à la préparation de ce pâté de gueux.

Mettre dans le hachoir en plusieurs fois, le lard cuit, les viandes coupées en gros morceaux, les échalotes, l'ail et le persil. Assaisonner et mélanger à la purée, en détendant un peu de bouillon, seulement si nécessaire : le mélange doit rester ferme.

Verser le tout dans une tourtière beurrée, parsemer le dessus de petits morceaux de beurre et enfourner à four chaud pendant une demi-heure.

Servir avec une salade bien relevée.

CHAPITRE HUITIÈME

Légumes

Si la première pensée, quand on évoque la Bretagne, se peuple de coquillages, de poisons et autres fruits de mer, il ne faut pas perdre de vue l'intérieur des terres, renommé à juste titre pour la qualité de ses produits.

Le chou-fleur, avec ses 500 000 tonnes annuelles de production, voisine avec l'artichaut, que ce soit le Camus, le Roscoff ou le Violet, et couvre les 2/3 de la production nationale.

Le Coco de Paimpol, produit AOC, et ses 2 000 tonnes récoltées à la main, se vend avec bonheur sur les marchés d'automne.

Il faut encore compter avec les pommes de terre primeur du Léon, du Trégor-Goëlo ou de la région malouine, avec les carottes de Santec, les endives de Kerlouan ou les marrons de Redon. Le tout, sans oublier les oignons de Roscoff de couleur rouge-rosé, particulièrement appréciés des Anglais. Des marchands ambulants bretons surnommés les « Johnies », vendaient ces précieux oignons de ville en ville en Angleterre, pendant 4 à 5 mois de l'année.

Pommes de terre au lard et aux oignons

Il faut, 1 5 kg de pommes de terre,
1 livre d'oignons,
1 morceau de lard de 250 g,
du sel,
du poivre,
1 bol de bouillon
et
1 gros morceau de beurre.

La pomme de terre, introduite en Bretagne au XVIIIe siècle, s'est largement développée depuis, pour apparaître fréquemment aux tables familiales sous formes de recettes différentes.

Éplucher les oignons et les couper en fines rondelles. Les mettre à fondre dans une cocotte à fond épais avec le beurre, sans les faire roussir.

Éplucher et laver les pommes de terre et les couper en grosses rondelles. Quand les oignons sont bien fondus et transparents, ajouter par-dessus la moitié des pommes de terre, puis le lard coupé en tranches épaisses. Poivrer, recouvrir du reste de pommes de terre, arroser de bouillon et poivrer à nouveau.

Couvrir la cocotte et laisser cuire une heure à petit feu ou, comme on disait jadis, sur le coin du fourneau.

Pommes de terre au lait Ribot

Prévoir 1 kg de pommes de terre farineuses et 4 oignons, 1 gros morceau de beurre, du sel et du poivre et 1 l de lait Ribot ou, à défaut, de lait fermenté voire de yaourt liquide.

Le lait Ribot, mot qui veut dire baratte *en breton, provient du babeurre, ou de ce qui reste au fond de la baratte après la fabrication du beurre. Largement commercialisé dans toute la Bretagne, il se présente comme un lait épais et onctueux, au léger goût aigre particulièrement désaltérant.*

On le consomme en boisson, avec les galettes ou encore en dessert avec des fruits rouges, mais c'est avec les pommes de terre qu'il accomplit l'un des plats les plus traditionnels de la cuisine bretonne.

Faire blondir les oignons dans le beurre au fond d'une cocotte sans les brûler, puis ajouter les pommes de terre pelées et coupées en morceaux, et les faire bien revenir elles aussi. Saler, poivrer et couvrir d'eau. Laisser cuire à feu doux jusqu'à totale évaporation de l'eau.

Écraser les pommes de terre à la fourchette, à même la cocotte, et répartir cette purée dans des bols.

Présenter le lait Ribot à part et chacun s'en servira à volonté dans son bol par-dessus sa purée.

Pommes de terre à la Saint-Malo

Acheter 1 kg de
pommes de terre
primeur et 100 g
de bon beurre.
Il faudra en plus
un peu d'huile,
du sel
et du poivre
et peut-être
un peu de persil,
mais certains
n'en voudront
même pas pour
goûter intacte
la fine saveur de
la pomme
de terre nouvelle.

Les premières pommes de terre qui arrivent sur le marché, sont si tendres, si douces, avec cet unique petit goût de noisette qui les caractérise… et fait oublier leur prix !

Mais qu'importe, c'est un régal fugace à ne pas manquer.

Frotter les pommes de terre sous l'eau tiède, pour les débarrasser de leur peau. Ne surtout pas les éplucher avec un quelconque économe, ce serait criminel ! Couper les pommes de terre en dés et les rouler dans un torchon pour les essuyer.

Les faire revenir dans une sauteuse à revêtement antiadhésif avec la moitié du beurre et quelques gouttes d'huile pour qu'il ne noircisse pas. Baisser le feu, ajouter le reste du beurre et continuer à cuire en remuant souvent.

Servir dès que les pommes de terre sont tendres.

Kouign patatez
ou gâteau de pommes de terre

Il faut 750 g de pommes de terre à purée, 300 g de farine, 200 g de beurre ramolli, du sel, du poivre et 1 œuf.

C'est une recette très typique et particulièrement exquise, à déguster avec une salade verte bien relevée.

Faire cuire les pommes de terre en robe des champs et les éplucher tout aussitôt, dès qu'on peut les tenir à la main. Toujours sans perdre de temps, passer les pommes de terre au moulin à légumes. Incorporer alors le beurre coupé en morceaux et peu à peu la farine. Saler et poivrer. Il faut bien pétrir la pâte, tout comme une pâte à pain pour mêler au mieux tous les ingrédients.

Beurrer une tourtière, ou plus simplement étaler la purée directement sur un papier cuisson posé sur la tôle du four, pour former une belle galette ronde de 2 cm d'épaisseur.

Dorer le dessus avec l'œuf battu et enfourner à four chaud, 35 minutes environ.

Haricots à la bretonne

Prévoir 1 livre
de haricots
blancs secs,
2 oignons,
1 tranche de lard,
1 bouquet garni,
2 tomates,
2 gousses d'ail,
un peu de beurre,
du sel
et du poivre,
1 petite boîte
de concentré
de tomates
et 3 ou 4 clous
de girofle.

Les haricots en grains ont l'avantage d'être disponibles toute l'année. C'est un plat rustique et nourrissant dont ont toujours été friands les Bretons. Ces haricots à la bretonne se servent traditionnellement avec le gigot de pré salé (voir page 101), mais on peut aussi les consommer tout seuls. Attention à prévoir leur préparation à l'avance, ils doivent tremper tout une nuit avant d'être cuisinés.

La veille, mettre à tremper les haricots 12 heures au moins à l'eau froide, dans un grand récipient (ils gonflent). Mettre les haricots à cuire à l'eau froide et sans sel, jusqu'aux premiers bouillons.

Rejeter cette eau et remettre les haricots à cuire à l'eau chaude avec le lard, les oignons piqués de clous de girofle, le poivre et le bouquet garni pour une heure. Ne saler qu'à mi-cuisson.

Dans une cocotte, faire revenir au beurre les tomates coupées en dés ainsi que le lard et les oignons ayant cuit avec les haricots. Ajouter l'ail haché puis le concentré de tomates. Détendre avec un peu de jus de cuisson des haricots pour obtenir une sauce onctueuse. C'est le moment d'y ajouter les haricots repêchés à l'écumoire et de laisser mijoter le tout un petit quart d'heure. Bonifier le plat d'un peu de jus de gigot s'il y en a et servir bien chaud. Ne pas jeter l'eau de cuisson des haricots : ce peut être la base d'un excellent potage.

Purée de haricots

Il faut 1 livre de haricots, 1 tranche de lard, 2 oignons piqués de clous de girofle, 2 gousses d'ail, 2 tomates, du sel et du poivre, 1 bouquet garni ainsi qu'un petit pot de crème fraîche et un bon morceau de beurre.

Cette recette peut être faite à partir d'un reste de haricots à la bretonne ou cuisinée pour elle-même.

Faire tremper les haricots depuis la veille puis les mettre à cuire en deux fois, comme pour la recette précédente, avec le lard, l'ail, les oignons, les tomates et le bouquet garni, le poivre et à mi-cuisson, le sel.

Quand les haricots sont cuits, jeter le bouquet garni et ôter la tranche de lard qui sera utilisée dans une omelette, une salade ou pour la préparation du pâté de gueux (voir page 105).

Passer les haricots, ail, oignons (débarrassés des clous de girofle) et tomates au presse-purée, grille fine.

Remettre la purée sur feu doux et incorporer en remuant bien, le beurre et la crème fraîche.

Cette purée est un régal avec des côtelettes d'agneau grillées et quelques tomates fraîches poêlées.

Bardatte

Il faut 1 chou,
1 demi-lapin,
1 caille
par personne,
150 g de chair
à saucisse,
1 échalote,
un œuf,
1 grande barde
de lard
(20 cm x 30 cm),
de la ficelle
de boucher,
du sel
et du poivre,
1 grand verre de
muscadet,
et du beurre.
En saison, prévoir
des marrons en
accompagnement.

C'est un plat très ancien pour le temps des moissons. Attention, la cuisson est longue (8 heures). L'usage d'une cuisinière à bois ou à charbon est particulièrement indiqué pour la cuisson de ce plat.

Mettre le chou à blanchir 10 minutes, dans une grande quantité d'eau bouillante salée, après quoi, il sera égoutté.
Désosser le lapin entièrement et couper la chair et le foie en menus morceaux. Mettre dans un grand saladier et ajouter la chair à saucisse, l'échalote hachée et l'œuf. Saler, poivrer et bien malaxer le tout.
Étaler la barde de lard sur un torchon.

Effeuiller le chou en laissant le cœur de côté et étaler les feuilles, débarrassées de leurs côtes, bien à plat sur la barde de lard, et se superposant les unes les autres.

Répartir le hachis de lapin sur les feuilles et refermer comme pour faire un rôti, en ficelant le paquet tout autour. Mieux vaut être à deux pour faciliter l'opération.

Mettre ce paquet dans une cocotte avec du beurre, faire suer quelques minutes, puis mouiller de vin blanc. Fermer la cocotte et laisser au coin du feu pendant 7 heures, en ajoutant si nécessaire un peu de vin blanc ou de jus de veau en cours de cuisson.

Après ce temps, faire rôtir les cailles, ou plus simplement les faire revenir au beurre et les ajouter autour du chou dans la cocotte. Laisser mijoter une demi-heure de plus.

Ce plat se sert traditionnellement avec des marrons cuits au naturel, mais le cœur du chou, coupé en quartiers et braisé l'accompagne aussi très bien.

Servir le tout sur un grand plat après avoir ôté les ficelles du chou, la sauce à part en saucière.

Chou-fleur aux fines herbes ou au gratin

Il suffit pour la recette
aux fines herbes,
d'un chou-fleur,
d'un bon morceau
de beurre (50 g),
de cerfeuil
et de ciboulette.

Pour préparer le chou-fleur au gratin il faudra,
outre le chou,
4 œufs durs,
1 bol de béchamel bien relevé,
du beurre
et de la chapelure

Défaire le chou en petits bouquets et les faire cuire à la vapeur (4 minutes en autocuiseur). S'ils sont cuits à l'eau bouillante (10 minutes), il faudra bien les égoutter.

Ranger les bouquets cuits dans un plat de service ébouillanté, arroser de beurre fondu et parsemer de fines herbes hachées.

Ou, faire revenir les bouquets de chou-fleur juste cuits à la poêle avec le beurre, faire dorer quelques instants et saupoudrer de cerfeuil et ciboulette hachés au moment de servir.

Pour le **chou-fleur au gratin**, ranger les bouquets cuits comme précédemment dans un plat à four bien beurré. Ajouter les œufs durs en rondelles, napper de béchamel, couvrir de chapelure et parsemer de noisettes de beurre.

Faire gratiner 10 à 15 minutes à four chaud.

Pain de chou-fleur

Prévoir
1 chou-fleur,
1/4 l de lait,
3 cuillerées à soupe de farine,
un bon morceau de beurre,
du sel
et du poivre,
100 g de gruyère râpé,
2 œufs
et 1 bol de sauce tomate.

Diviser le chou-fleur en bouquets, les laver et les faire cuire, à la vapeur de préférence, pour qu'ils soient très tendres (8 minutes en autocuiseur).

Passer le chou-fleur au moulin à légumes.

Par ailleurs préparer une béchamel bien épaisse avec le beurre la farine et le lait. Assaisonner et mêler à la purée de chou-fleur en ajoutant les jaunes des 2 œufs et le gruyère râpé. Bien mélanger. Battre les blancs en neige et les incorporer à l'appareil.

Verser le tout dans un moule à charlotte largement beurré et mettre au four, au bain-marie à 200° (th. 5-6) pour 40 minutes.

Servir avec la sauce tomate à part en saucière.

Artichauts à la bretonne

Prévoir 1 artichaut par personne, 1 citron, du beurre, 2 oignons, du sel et du poivre et 1 bouteille de cidre.

L'artichaut se mange le plus souvent en hors-d'œuvre, cuit au naturel avec de la vinaigrette, mais il s'accommode aussi de diverses façons, en légume pour accompagner les viandes rôties.

Couper la queue et le maximum de feuilles de chaque artichaut cru. Les couper ensuite en quartiers, retirer le foin et plonger les quartiers tout de suite dans de l'eau fortement citronnée pour qu'ils ne noircissent pas.

Dans une cocotte, faire fondre le beurre avec les oignons émincés, ajouter les quartiers d'artichauts recoupés en deux et faire revenir le tout un moment. Couvrir à hauteur avec le cidre, assaisonner et laisser mijoter une vingtaine de minutes.

Ranger les morceaux d'artichaut sur un plat tenu au chaud, faire réduire la sauce à feu vif puis la lier avec un peu de beurre avant de la servir en saucière, en même temps que les artichauts.

Fonds d'artichauts farcis

Prévoir 1 artichaut par personne, une échalote, quelques champignons blancs, 1 tranche épaisse de jambon cru, blanc ou fumé selon son goût, 1 bon morceau de beurre, 1 cuillerée à soupe de farine, 1 grand verre de vin blanc, sel et poivre, 2 cuillerées à soupe de crème fraîche et un peu de gruyère râpé.

Servir ces fonds d'artichauts farcis en hors-d'œuvre, ou en accompagnement d'une grillade, ou encore avec une bonne salade pour un déjeuner léger.

Faire cuire les artichauts lavés 10 minutes en autocuiseur. Égoutter, ôter les feuilles (les manger tout de suite ou les jeter ou les racler pour une autre préparation). Ôtez le foin et ranger les fonds dans un plat à gratin.

Par ailleurs faire fondre le beurre dans une casserole à fond épais pour y faire revenir l'échalote émincée, le jambon coupé en dés et les champignons parés et coupés en fines lamelles.

Quand le tout est bien doré, saupoudrer de farine, mélanger et mouiller avec le vin blanc. Faire épaissir la sauce quelques minutes, assaisonner et, hors du feu, ajouter crème fraîche et gruyère râpé.

Garnir les fonds d'artichauts de cette préparation et mettre au four 10 minutes en terminant sous le gril pendant quelques secondes.

Cèpes à la bretonne

Compter 1 cèpe
par personne,
ou à la rigueur
2 très beaux
champignons
de Paris,
4 échalotes,
1 gousse d'ail,
des fines herbes,
persil, ciboulette
ou cerfeuil,
1 œuf,
1 verre
de muscadet
et autant
de bouillon,
du beurre,
de la chapelure,
du sel
et du poivre.

Nettoyer les cèpes en les lavant rapidement puis en les essuyant soigneusement. Séparer pieds et chapeaux. Hacher les pieds, les échalotes et l'ail épluchés et faire revenir ce hachis dans du beurre en remuant souvent. Assaisonner et hors du feu, ajouter les fines herbes ciselées et l'œuf, qui ne doit pas cuire. Bien mélanger et remplir les chapeaux des champignons de cette farce.

Verser le vin et le bouillon au fond d'un plat à four puis y ranger les chapeaux farcis.
Saupoudrer les cèpes de chapelure, arroser de beurre fondu et mettre le tout à gratiner à four chaud (th. 7) pendant 15 minutes environ.

Purée d'oignons

Il faut 2 kg
de beaux oignons,
de Roscoff
de préférence,
du beurre,
du sel
une pincée de sucre
et un peu
de vin blanc.

Voici l'accompagnement idéal et original des grillades. Un met pourtant traditionnel, à l'honneur depuis longtemps sur les tables bretonnes.

Éplucher les oignons et les faire blanchir en entier, 10 minutes à l'eau bouillante salée.

Égoutter, rafraîchir, et couper les oignons en morceaux. Les faire revenir à feu doux dans une cocotte, avec un bon morceau de beurre, mouiller d'un verre de vin, assaisonner de sel et de poivre sans oublier la pincée de sucre et laisser compoter doucement une vingtaine de minutes jusqu'à évaporation totale du liquide.

Passer au moulin à légumes, remettre su le feu, ajouter un bon morceau de beurre et réchauffer.

Haricots verts

Il faut
1 kg de haricots, du beurre,
du sel,
1 pincée de farine,
1 verre de lait,
2 jaunes d'œufs,
1 bouquet de persil,
un autre
de ciboulette
et
1 gousse d'ail.

Rien n'est meilleur que les haricots verts frais cueillis, que ce soient les haricots-beurre ou les cocos plats ou encore les extra-fins. Cette recette s'applique à tous.

Faire cuire les haricots 10 à 15 minutes selon grosseur, à l'eau bouillante salée.

Égoutter et les remettre à la casserole avec un gros morceau de beurre. Saupoudrer de farine, mouiller de lait, bien remuer et laisser mijoter quelques instants.

Hors du feu, lier avec les jaunes d'œufs, garnir avec l'ail et les herbes hachés finement et servir aussitôt.

Salicorne

Cette plante saline fait partie des herbus, broutés par les moutons de pré salé, mais elle fait tout aussi bonne figure dans nos assiettes. On la trouve en baie du Mont-Saint-Michel mais aussi tout autour de Guérande. Mieux vaut récolter les plantes au printemps, sinon ne cueillir que les têtes, car le bas de la tige est filandreux.

La salicorne se cuisine tout comme les haricots verts, 10 à 15 minutes à l'eau bouillante, mais non salée, la plante l'étant déjà. On la consomme alors telle quelle, avec de la crème fraîche ou encore revenue au beurre dans une poêle avec une bonne persillade.

On la conserve aussi confite dans le vinaigre pour la déguster comme condiment, en quelque sorte un « cornichon » idéal pour accompagner poissons et fruits de mer.

La recette est simple, il suffit de blanchir la salicorne à l'eau bouillante et de bien l'éponger sur un torchon. Ranger les plantes dans un bocal en alternant baies de poivres et de coriandre, feuilles de laurier ou de thym. Recouvrir de vinaigre d'alcool blanc, fermer hermétiquement et attendre 3 mois avant de consommer.

CHAPITRE NEUVIÈME

Desserts

La pâtisserie bretonne, aussi bien familiale qu'artisanale, voire même industrielle, est renommée bien au-delà de la province. Il ne faut pas oublier que le fameux « Petit Lu » y trouve ses origines depuis 1860, suivi de près par les galettes de Pont Aven, « Traou-Mad » et autres palets, biscuits et sablés.

Le gâteau breton et, plus riche encore en beurre, le Kouign-Amann, sont des gâteaux appréciés et fort copieux, mais le dessert le plus traditionnel, plus simple et plus sain aussi, est le far. Décliné sur de multiples variantes, on le trouve aux pruneaux, aux raisins, aux pommes, cuit au feu, au four etc.

Les crêpes font aussi partie des desserts de choix, au sucre ou fourrées, ou encore « dentelles » s'assimilant alors à un biscuit.

Enfin, les pommes bretonnes sont présentes sous toutes les formes : tartes, beignets, pâtes, etc. et une importante production de fraises à Plougastel a encouragé la création de nombreux desserts.

Far aux pruneaux

Compter 250 g
de farine,
150 g de sucre,
4 œufs,
3/4 l de lait,
1 cuillerée à
soupe de rhum
(facultatif)
1 paquet
de pruneaux (ou
sinon de raisins
de Corinthe)
et
1 pincée de sel,
sans oublier
le beurre pour
le plat de cuisson
qui sera de
préférence
en terre.

S'il n'y avait qu'un seul dessert en Bretagne, ce serait celui-là, or il n'y a pas une seule fois la même recette, du moins pour les proportions, dans aucun des nombreux livres consultés !

Pour 4 œufs, la proportion de lait varie selon les livres de 40 cl à 1 litre ! Quant au sucre et à la farine leurs quantités sont tout aussi fluctuantes. Autant dire que chacun peut risquer sa propre recette sans craindre de trop se tromper ou encore essayer les quantités de base données ci-dessous et qui ont fait leurs preuves…

Mettre les pruneaux à tremper à l'eau tiède, une heure à l'avance au moins.
Dans un saladier, mélanger le sucre la farine et le sel et faire un puits pour y jeter les œufs. Bien remuer et délayer petit à petit avec le lait pour obtenir une pâte lisse et sans grumeaux. Parfumer avec le rhum et réserver.

Dénoyauter les pruneaux, les éponger, les rouler dans la farine et les déposer au fond du plat en terre généreusement beurré. Verser la pâte sur le tout et enfourner dans un four chaud qui sera un peu baissé après quelques minutes pour une cuisson de 40 minutes environ.

Gâteau breton

Il faut
250 g de farine,
autant de sucre,
autant de beurre
et
6 jaunes d'œufs
plus 1 pour
dorer le gâteau.

Tout le bon goût de ce gâteau provient du beurre. Il est donc important de bien le choisir, salé au sel de mer, et d'excellente qualité.

Dans un grand saladier mélanger le sucre et la farine puis ajouter le beurre coupé en petits dés. Mélanger du bout des doigts pour obtenir un mélange sableux non homogène. Ajouter alors les 6 jaunes d'œufs et pétrir pour former une boule.

Aplatir la pâte dans un moule à manqué, beurré ou tapissé d'un papier de cuisson. Dorer le dessus du gâteau avec le jaune d'œuf restant et dessiner des croisillons à la fourchette.

Cuire au four 20 minutes à four modéré chaud, puis 20 minutes de plus à four modéré tiède (th. 4). Démouler le gâteau et le laisser tiédir avant de le servir coupé en tranches.

Kouign amann

Il faut
250 g de farine,
10 g de levure de boulanger,
1 pincée de sel,
200 g de beurre mou, autant de sucre en poudre,
et pour dorer le gâteau,
1 jaune d'œuf
et un peu de sucre en plus.

*Ce gâteau au beurre (*Kouign *en breton veut dire gâteau, et* amann *beurre) fut inventé à Douarnenez en 1865. Depuis, il s'est largement répandu dans toute la Bretagne.*

Délicieux chaud, c'est un gâteau copieux qu'il vaut mieux savourer tout seul, ou à la suite d'un repas très léger.

Faire tremper la levure quelques minutes dans un demi-bol d'eau tiède, puis l'incorporer à la farine avec le sel. Bien malaxer pour obtenir une boule de pâte souple qui ne colle plus aux doigts. Au besoin, rajouter quelques gouttes d'eau ou au contraire un peu de farine. On obtient ainsi une pâte à pain qu'il faut mettre à lever, recouverte d'un linge, dans un endroit chaud pendant une heure environ.

Étaler la pâte sur une planche à pâtisserie pour obtenir un rond de la taille d'un grand plat.
« Beurrer » ce rond de pâte, sans aller jusqu'aux bords, avec la moitié du beurre et saupoudrer avec la moitié du sucre. Replier les bords de la pâte vers le centre pour enfermer complètement beurre et sucre. Aplatir au rouleau, plier à nouveau en deux puis laisser reposer au frais 20 minutes.

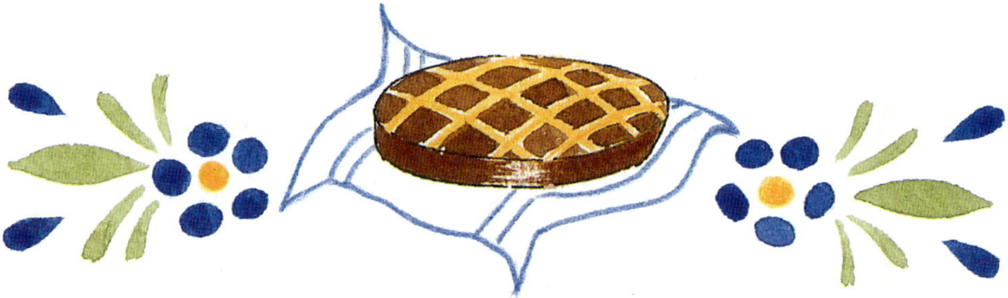

Étaler la pâte à nouveau et recommencer l'opération avec le reste du beurre et du sucre, toujours en pliant et repliant la pâte, sans jamais laisser s'échapper le beurre ou le sucre ! Donner pour finir une forme de galette à la pâte et la mettre au frais 20 minutes encore pendant que le four sera préchauffé à 220 °C (th. 7).

Placer le gâteau sur un papier de cuisson directement posé sur la plaque du four ou sinon dans un moule à manqué, bien beurré. Dorer le dessus au jaune d'œuf, saupoudrer d'un peu de sucre et dessiner quelques croisillons de la pointe du couteau.

Enfourner et laisser cuire 30 à 40 minutes en surveillant : si le beurre s'échappe du gâteau, il suffit de le recueillir avec une longue cuillère et de le reverser au centre du gâteau.

Crêpes de froment sucrées

Il faut 250 g de
farine, 3 œufs,
1/2 l de lait,
1 pincée de sel
et une cuillère à
soupe d'huile ou de
beurre fondu.
À cela, on peut
ajouter quelques
cuillerées de sucre
en poudre,
2 ou 3 cuillerées de
rhum ou d'eau
de fleur d'oranger,
ou encore
un filet de cidre.
Et pour graisser
la poêle,
un peu d'huile
et
1 pomme de terre.

Verser la farine dans un saladier, faire un puits, y casser les œufs, ajouter le sel et l'huile et commencer à remuer doucement en délayant peu à peu avec le lait pour obtenir une pâte souple et fluide.

Parfumer selon son goût et laisser reposer une heure au moins.

Prévoir la cuisson avec 2 poêles plates antiadhésives de préférence et, pour graisser les poêles, un peu d'huile au fond d'un bol et une pomme de terre coupée en deux, piquée au bout d'une fourchette.

Quand la pâte a suffisamment reposé, chauffer une première poêle, la graisser et y verser une louche de pâte en inclinant la poêle pour étaler la pâte uniformément.

Laisser cuire une minute, tout en mettant la deuxième poêle en route, retourner en faisant sauter la crêpe ou à l'aide d'une spatule et laisser cuire quelques secondes de plus.

Les crêpes se mangent saupoudrées de sucre ou fourrées de toutes sortes de compotes ou confitures.

Crêpes dentelles

Il faut 250 g
de farine
et autant
de
sucre en poudre,
5 œufs
et 75 cl de lait.

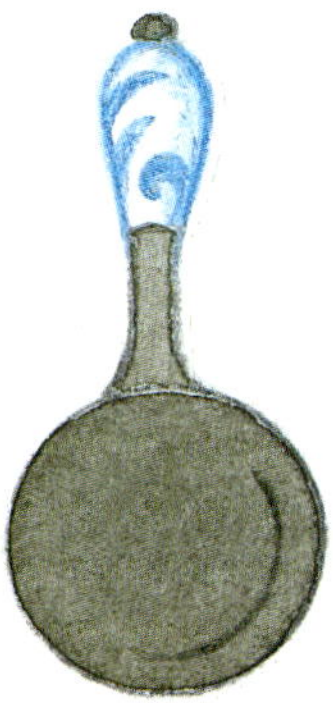

On doit cette spécialité quimpéroise à une certaine Katell Cornic, crêpière hors pair qui eut l'idée, en 1886, de faire des crêpes extrêmement fines et de les enrouler autour de la lame d'un couteau. Rapidement imitée par les concurrents, la crêpe dentelle se multiplia et s'exporta jusqu'en Angleterre et en Russie.

Préparer la pâte comme pour les crêpes de froment, à la différence qu'elle doit être plus fluide pour les crêpes dentelle.

Laisser reposer puis cuire comme précédemment en inclinant la poêle très rapidement pour obtenir une crêpe aussi fine que possible. Retourner la crêpe, terminer la cuisson et la couper en trois, puis enrouler aussitôt chacun des trois morceaux autour d'une lame de couteau ou du manche.

Servir à l'instant ou laisser sécher et conserver comme un biscuit, dans une boîte en fer blanc.

Sablés

Il faut
pour une vingtaine
de sablés
(ce qui est rare-
ment suffisant):
250 g de farine,
125 g de beurre
demi-sel,
50 g de sucre,
3 jaunes d'œufs
et
quelques gouttes
de lait.

Ce délicieux sablé pur beurre est à faire avec du beurre demi-sel de qualité, de préférence comprenant des cristaux de sel.

Verser la farine et le sucre dans un saladier et ajouter le beurre coupé en petits morceaux. Travailler du bout des doigts pour obtenir un mélange sableux.

Ajouter deux jaunes d'œufs et mélanger pour former une boule de pâte mais sans trop pétrir. Laisser de préférence reposer une heure au frais. Poser la boule de pâte sur un plan de travail bien fariné et étendre au rouleau sur une épaisseur de 1/2 cm.

Découper des ronds avec un verre et les disposer au fur et à mesure sur la grille du four recouverte d'un papier cuisson. Reformer la pâte en boule et l'étaler à nouveau pour pouvoir l'utiliser en entier et former de nouveaux biscuits.

Badigeonner les sablés avec le jaune d'œuf détendu d'un peu de lait.

Enfourner dans un four préchauffé à 170 °C (th. 5) pour 20 minutes en surveillant: les sablés doivent être dorés sans brunir.

Petites galettes bretonnes

Peser 250 g
de farine,
150 g de sucre,
60 g de beurre,
ajouter
1/2 paquet
de levure chimique,
2 œufs
plus un jaune
et
quelques gouttes
de lait.

Mélanger dans un saladier la farine, le sucre et la levure et mélanger intimement.

Ajouter le beurre ramolli et 2 œufs. Continuer à mélanger puis pétrir à la main pour obtenir une boule de pâte homogène. Laisser reposer une heure au frais.

Étaler la pâte au rouleau à pâtisserie et y découper des cercles avec un verre.

Pour utiliser toute la pâte, reformer une nouvelle boule avec les restes de pâte, l'étaler à nouveau et y découper d'autres galettes.

Déposer les biscuits au fur et à mesure sur la tôle du four tapissée de papier cuisson, les dorer au jaune d'œuf allongé de lait et dessiner des croisillons sur le dessus avec une fourchette.

Faire cuire 20 minutes dans un four moyen, préchauffé à 170 °C (th. 5).

Pommé de Rothéneuf

Il faut 1 livre
de pâte à pain,
à commander
chez le boulanger
ou à acheter
sous forme
de pâte à pizza,
1 kg de pommes,
du sucre,
de la cannelle
en poudre,
du beurre
et
du sirop de sucre.

C'est un grand dessert pour famille nombreuse, à préparer à plusieurs et à faire cuire sur toute la tôle du four.

Éplucher les pommes et retirer le cœur, puis les couper en grosses tranches. Laisser en attente dans une bassine d'eau froide.

Diviser la pâte en deux et étaler au rouleau à pâtisserie. Mettre la première abaisse sur la plaque du four tapissée de papier cuisson, en étirant bien les bords pour recouvrir toute la surface et en dépassant de 2 cm tout autour.

Garnir avec les tranches de pommes égouttées, saupoudrer de sucre et de cannelle, parsemer de noisettes de beurre et recouvrir avec la deuxième abaisse de pâte. Souder les bords avec un peu d'eau et les replier pour former une bordure tout autour du gâteau.

Avec la pointe d'un couteau, pratiquer quelques trous sur le dessus et décorer de croisillons.

Cuire à four chaud 30 à 40 minutes. Badigeonner le pommé de sirop de sucre à sa sortie du four, laisser tiédir et couper en carrés avant de servir.

Pain de pommes de tante Anne

Il faut
des pommes,
autant
qu'on en a,
mais au moins 1 kg,
et
du sucre
selon la quantité
des pommes.

C'est un dessert de famille, presque une friandise ou une pâte de fruit, qui a l'avantage de se garder plusieurs mois.

Laver les pommes et les couper en quartiers. Les jeter dans une grande bassine avec un peu d'eau (1/4 de verre pour 1 kg de pommes) et les faire éclater à feu vif, en remuant souvent pour que toutes les pommes cuisent uniformément et qu'aucune ne brûle au fond de la casserole.

Passer au moulin à légumes. Les peaux et les pépins seront retenus par la grille et jetés au fur et à mesure.

Peser la pulpe recueillie et la mélanger avec le même poids de sucre. Remettre sur le feu dans une casserole et laisser cuire doucement, une heure à une heure trente, jusqu'à ce que la compote soit devenue d'un bel ambre brun-roux.

Verser dans des bols ou des ramequins passés à l'eau froide et mettre au frais, mais pas au réfrigérateur. Recouvrir d'un linge pour éviter la poussière et ranger dans un garde-manger ou un placard.

Il suffira le moment voulu, de démouler le pain et de le servir tel quel, plus ou moins compact selon le temps écoulé, découpé en tranches, avec de la crème anglaise.

Beignets aux pommes

Il faut :
250 g de farine,
3 œufs,
1 bon quart de litre de lait,
1 cuillère à soupe d'huile
et 1 autre de cidre,
des pommes,
du sucre en poudre
et de l'huile de friture.

Préparer la pâte à frire comme la pâte à crêpes (voir page 130), mais plus épaisse, avec moins de lait. Laisser reposer le temps d'éplucher 3 ou 4 pommes, de vider le cœur avec un couteau économe et de les couper en rondelles de 1 cm d'épaisseur. Mettre ces rondelles au fur et à mesure dans la pâte.

Faire chauffer l'huile de friture, y jeter les pommes par petites quantités, laisser dorer, égoutter sur du papier absorbant et saupoudrer de sucre.

Beignets de Mam'Goz ou beignets Mélusine

Prévoir 1 livre de pommes de terre, 1 orange impérativement non traitée, environ 50 g de farine, autant de sucre et de beurre, de l'huile de friture et du sucre en plus pour saupoudrer les beignets.

Mam'Goz *voulant dire grand-mère, c'est un dessert de l'ancien temps, quand la pomme de terre remplaçait parfois la farine.*

Faire cuire les pommes de terre en robe des champs, les éplucher tout aussitôt puis les passer au moulin à légumes. Ajouter le beurre, le sucre et assez de farine pour faire une pâte homogène. Incorporer en pétrissant bien le zeste d'orange haché très finement.

Étendre la pâte au rouleau et couper en losanges. Jeter en plusieurs fois les losanges dans la friture, les repêcher à l'écumoire quand ils sont dorés et gonflés et les égoutter sur du papier absorbant.

Saupoudrer de sucre et servir avec à part, une jatte de confiture.

Craquelins fourrés

Il faut :
1 craquelin par personne, de la compote maison écrasée grossièrement, du lait tiède et de la gelée de groseille.

Le craquelin, spécialité des bords de Rance, est un drôle de biscuit, sans sel ni sucre ni beurre, sec et craquant, de la forme d'une petite jatte. Sa fabrication est complexe, mais on l'achète facilement en Bretagne pour le consommer au petit-déjeuner ou au goûter, bien beurré, ou encore en dessert, réchauffé et fourré.

Passer les craquelins dans le lait tiède et les ranger dans un plat à four. Les garnir de compote avec, juste au milieu, une bonne cuillerée de gelée de groseille.

Réchauffer au four et servir tout brûlant avec, en option, un peu de crème fraîche ou de crème anglaise.

Fraises de Plougastel au naturel ou en surprise

Les fraises s'accommodent de bien des façons, mais on peut déjà les préparer « au naturel » comme dans l'ancien temps.

Passer les fraises à l'eau froide et les égoutter puis les équeuter. Couper les fraises en deux ou trois morceaux, les placer dans un saladier, ajouter une cuillère à soupe de vinaigre de vin pour un kilo de fraises, saupoudrer de sucre, mélanger doucement et mettre au frais une heure au moins.

Pour **les fraises en surprise**, préparer des fraises au naturel en remplaçant le vinaigre par du kirsch. Par ailleurs, creuser une génoise pour en faire une coupe et débiter le gâteau prélevé en petits dés qui seront eux aussi mis à macérer dans un peu de kirsch. Au moment de servir, mélanger dés de gâteaux et fraises, les placer dans la génoise évidée et masquer le tout de crème Chantilly.

Et pour finir, un petit digestif

Si la Bretagne ne saurait être complice du «trou normand», institution propre à sa voisine, une petite goutte à la fin du repas sera la bienvenue. On se régalera volontiers d'un doigt de *Lambig*, cette eau de vie de cidre vieillie en fût, ou encore d'un petit verre de *gouttechique* ou de *goutte blanche*, à moins qu'on ne préfère une liqueur anisée, le *vespero* ou le *picherel*, sans oublier *l'élixir d'Armorique* de la région de Lannion.

Les inconditionnels prendront un fond d'authentique *whisky*, made in Bretagne.

Pour un alcool moins fort, il faudra se tourner vers le *chouchen*, l'hydromel breton, boisson des dieux et par conséquent souveraine, à base de miel.

Les plus sages se contenteront d'une tisane de plantes cueillies dans la nature et dont les grands-mères conservent la formule avec soin dans un petit carnet.

Mais c'est encore la promenade digestive, à consommer sans modération, qui sera le plus efficace.
Sortir, quel que soit le temps, avec un bon ciré s'il le faut, et parcourir les landes et les grèves, s'abreuver d'horizons et fouetter l'air d'un pas vif. Sauter de rocher en rocher, plus loin, encore plus loin, pour épouser au mieux du regard la mer, couler de longues enjambées dans le sable, et pour finir… se mettre en appétit pour le prochain repas !

AUTRES OUVRAGES CONSACRÉS À LA BRETAGNE
PARUS AUX ÉDITIONS ÉQUINOXE

En Bretagne
avec Lizzie Napoli

Carnet de Bretagne,
balade de l'Armor à l'Argoat
avec Marie Le Glatin-Keys

Marines de Bretagne,
la côte de Saint-Malo au golfe du Morbihan
avec Patrice Hyver

Carnet d'adresses de Bretagne
de Michèle Delsaute

Ma Bretagne, jour après jour
(livre d'heures)
de Michèle Delsaute

Agenda de Bretagne

Achevé d'imprimer en mars 2006
sur les presses de l'imprimerie Grafiche Zanini,
à Bologne, Italie.

5ème édition

Les caractères typographiques utilisés dans cet ouvrages sont les suivants :

Le corps de texte est en **Le Monde Livre**,
créé en 1997 par Jean-François Porchez (www.typofonderie.com).

Les titres et textes introductifs sont en **Korrigan**,
un caractère inspiré de l'onciale irlandaise des ve et vi^e siècles,
qui, par la ensuite, s'est identifiée à la culture celte,
caractère créé en 1998 par Thierry Puyfoulhoux (www.présencetypo.com).

Yves Perrousseaux
www.perrousseaux.com